The Jungle Book

정글 북

정글 북

First edition : May 2010

TEL (02)2000-0515 | FAX (02)2271-0172
ISBN 978-89-17-23767-2

YBM Reading Library 는 ...

쉬운 영어로 문학 작품을 즐기면서 영어 실력을 크게 향상시킬 수 있도록 개발된 독해력 완성 프로젝트입니다. 전 세계 어린이와 청소년들에게 재미와 감동을 주는 세계의 명작을 이제 영어로 읽으세요. 원작에 보다 가까이 다가가는 재미와 명작의 깊이를 느낄 수 있을 거예요.

350 단어에서 1800 단어까지 6단계로 나누어져 있어 초·중·고 어느 수준에서나 자신이 좋아하는 스토리를 골라 읽을 수 있고, 눈에 쉽게 들어오는 기본 문장을 바탕으로 활용도가 높고 세련된 영어 표현을 구사하기 때문에 쉽게 읽으면서 영어의 맛을 느낄 수 있습니다. 상세한 해설과 흥미로운 학습 정보, 퀴즈 등이 곳곳에 숨어 있어 학습 효과를 더욱 높일 수 있습니다.

이야기의 분위기를 멋지게 재현해 주는 삽화를 보면서 재미있는 이야기를 읽고, 전문 성우들의 박진감 있는 연기로 스토리를 반복해서 듣다 보면 리스닝 실력까지 크게 향상됩니다.

세계의 명작을 읽는 재미와 영어 실력 완성의 기쁨을 마음껏 맛보고 싶다면, YBM Reading Library와 함께 지금 출발하세요!

YBM Reading Library

책을 읽기 전에 가볍게 워밍업을 한 다음, 재미있게 스토리를 읽고, 다 읽고 난 후 주요
구문과 리스닝까지 꼭꼭 다지는 3단계 리딩 전략! YBM Reading Library, 이렇게 활용
하세요.

Before the Story

Words in the Story
스토리에 들어가기 전,
주요 단어를 맛보며 이야기의
분위기를 느껴 보세요~

"Brothers," said Mowgli, "I will take Shere Khan's
skin back to Council Rock!"
So they started to cut the tiger's skin.
Suddenly Mowgli felt someone grab his shoulder.
It was Buldeo!
"Go and look after your buffaloes," he said. "This
tiger's skin is mine! There is a reward of 100 rupees
for him! Our village needs the money!"
"No," said Mowgli. "This skin is mine!"
"I am the village headman," shouted Buldeo. "I will
have the skin!"

☐ reward for ···에 대한 보상금 (현상금)　　☐ knock ... to the ground
☐ language 언어, 말　　　　　　　　　　　　　　···을 방바닥에 때려눕히다
☐ leap at ···에 달려들다　　　　　　　　　　☐ stand over ···위에 올라서다
　(leap-leapt-leapt)　　　　　　　　　　　☐ belong to ···에 속하다

★★ feel + 목적어(A) + 동사원형(B)　A가 B하는 것을 느끼다
Suddenly Mowgli felt someone grab his shoulder.
갑자기 모글리는 누군가 자신의 어깨를 잡는 것을 느꼈다.

In the Story

★ 스토리
재미있는 스토리를 읽어요. 잘 모른다고
멈추지 마세요. 한 페이지, 또는 한 chapter를
끝까지 읽으면서 흐름을 파악하세요.

★★ 단어 및 구문 설명
어려운 단어나 문장을 마주쳤을 때,
그 뜻이 알고 싶다면 여기를 보세요.
나중에 꼭 외우는 것은 기본이죠.

★★★ 돌발 퀴즈
스토리를 잘 파악하고
있는지 궁금하면 돌발 퀴즈로
잠깐 확인해 보세요.

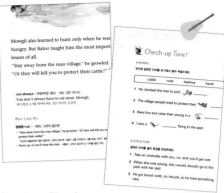

Mowgli also learned to hunt only when he was hungry. But Baloo taught him the most import lesson of all.
"Stay away from the man village," he growled.
"Or they will kill you to protect their cattle!"

not always (부분부정) 항상 ~하는 것은 아니다
You don't always have to eat meat, Mowgli.
네가 항상 고기를 먹어야 하는 것은 아니다, 모글리.

Mini-Less ●

명령형 + or : ~해라, 그러지 않으면
- "Stay away from the man village," he growled. "Or they will kill you to protect their cattle!"
- Hurry up, or you'll miss the train.

✿ Check-up Time!

● WORDS

빈칸에 알맞은 단어를 보기에서 골라 채워보세요.

cattle	nuts	beehive	hawk

1 He climbed the tree to pick
2 The village people tried to protect their
3 Bees live and raise their young in a
4 I saw a _____ flying to the east.

● STRUCTURE

알맞은 단어를 골라 문장을 완성하세요.

1 Take an umbrella with you, (or, and) you'll get wet.
2 When she was young, she (would, should) go to the park with her dad.
3 He got bored (with, to) his job, so he tried something new.

Mini-Lesson
너무나 중요해서 그냥 지나칠 수 없는
알짜 구문은 별도로 깊이 있게 배워요.

Then Mowgli whispered to Akela in the language of the wolves.
Suddenly the big gray wolf leapt at Buldeo and knocked him to the ground.
Akela stood over him so he couldn't move.
"Buldeo," said Mowgli. "This tiger has hunted me for many years. Now I have killed him. So his skin belongs to me!"

❓ When Mowgli was cutting
Shere Khan's skin, _____ appeared.

Chapter 5 · 83

Check-up Time!
한 chapter를 다 읽은 후 어휘, 구문,
summary까지 확실하게 다져요.

Focus on Background
작품 뒤에 숨겨져 있는 흥미로운 이야기를
읽으세요. 상식까지 풍부해집니다.

After the Story

Reading X-File 이야기 속에 등장했던
주요 구문을 재미있는 설명과 함께 다시 한번~

Listening X-File 영어 발음과 리스닝 실력을 함께
다져 주는 중요한 발음법칙을 살펴봐요.

MP3 Files
www.ybmbooksam.com에서 다운로드 하세요!

YBM Reading Library

이제 아름다운 이야기가 시작됩니다

The Jungle Book

_ Before the Story

_ In the Story

Chapter 1

Chapter 2

Rudyard Kipling (1865~1936)

루디야드 키플링은 …

영국 지배하의 인도 봄베이에서 태어난 영국인으로, 6세 때 영국으로 건너가 대학교육을 마치고 다시 인도로 돌아와 7년 동안 영자 신문 기자로 일하였다.

키플링은 기자 생활을 하면서 첫 시집 〈부분별 노래(Department Ditties, 1886)〉뿐만 아니라 여러 단편 소설집을 출간했는데, 그 중에서 〈산중야화(Plain Tales from the Hills, 1888)〉가 인기를 끌면서 작가로서 명성을 날리게 되었다. 이후 그는 영국으로 돌아가 인도, 해양, 정글 등을 소재로 한 소설 〈정글 북, 1894〉, 〈왕이 되고자 한 사나이(The Man Who Would Be King, 1888)〉, 〈킴(Kim, 1901)〉 등을 발표하였다. 또한 〈만달레이(Mandalay, 1890)〉, 〈If-(만약, 1910)〉 등 대영제국주의를 찬양하는 여러 시들로 애국 시인으로 추앙 받기도 하였다.

인도와 인도인들의 생활 풍습을 남다른 감각으로 예민하게 그려내어 영국인들의 이국적인 문화에 대한 갈망과 호기심을 충족시켜 주었던 키플링은, 1907년 영국 작가로는 최초로 노벨 문학상을 수상하여 지금까지 영국이 자랑스러워하는 작가로 손꼽히고 있다.

The Jungle Book

정글 북은 …

늑대 소년 모글리와 정글 동물들이 함께 살아가는 모습을 그린 키플링의 대표작으로, 작가의 인도 생활 체험에 바탕을 두고 있다.

중앙 인도의 한 정글, 늑대가 호랑이 세어 칸에게 쫓기던 인간의 아이를 살려주고 자신의 자식으로 받아들여 키우는 일이 일어난다. 모글리라 이름 지어진 인간의 아이는 이후 10년 동안 정글에 적응하며 정글의 법칙을 익히고 강하게 자라난다. 그러나 그는 늑대 부족의 대장 자리까지 노리는 세어 칸과의 마찰로 정글에서 쫓겨나 인간의 마을로 내려가게 되고, 그곳에서 자신의 어머니로 추정되는 여인의 집에 머물게 된다. 이후 모글리는 인간의 말을 익히는 등 인간세계에 적응하려 노력하지만, 결국 자신의 이익만을 생각하는 인간에게 실망하고 호랑이 세어 칸과의 정면 승부에서 승리를 거둔 후 정글로 되돌아간다.

〈정글 북〉은 인간 세계에서 볼 수 있는 가족의 사랑, 우정, 예절, 배신 등과 같은 속성을 의인화된 동물들의 세계에 적용해 보여줌으로써 동물 문학의 새로운 지평선을 열었을 뿐만 아니라, 사랑과 신의의 가치를 부각시킴으로써 시대를 관통하는 삶의 지혜를 제시하고 있다는 평가를 받고 있다.

People in the Story

Mowgli
늑대 소년. 늑대들 틈에서
자라다 인간의 마을로 내려가
생활하지만 셰어 칸을 죽이고
정글로 되돌아온다.

Baloo
늑대 새끼들에게 정글의 법칙을
가르치는 곰. 모글리에게 정글의
만능어를 가르친다.

Messua
모글리의 어머니로 추측되는 여인.
모글리가 마을에 내려왔을 때
그와 함께 살며 보살펴 준다.

Buldeo
모글리가 살게 된 마을의 촌장.
모글리가 죽인 셰어 칸의 가죽을
차지하려다 실패하자 모글리를
마을에서 내쫓는다.

Kaa

길이가 10미터가 넘는 비단뱀. 원숭이 부족에게
납치된 모글리를 구하는 데 일조한다.

Bagheera

영리하고 용감한 흑표범. 모글리가
위험에 처할 때마다 발루와 함께
혼신을 다해 구한다.

Shere Khan

모글리를 마을에서 훔쳐 온 호랑이.
늑대 부족에게 모글리를 빼앗긴 이후
호시탐탐 그를 노린다.

Akela

늑대 부족의 우두머리. 모글리를
부족의 일원으로 받아들인 후 늙고
힘이 없어지자 셰어 칸의 도전을
받는다.

Words in the Story

정글 북에 나오는 단어들을 미리 살펴볼까요?

grab
꽉 잡다

treetop
나무 꼭대기

be taken by
…에게 잡혀가다

lift
들어 올리다

panther
흑표범

reach
(손을 뻗어) …을 잡다

shake
흔들다

climb
기어오르다

cave
동굴

match
경쟁 상대

nasty
심술궂은

wolf
늑대

whine
울부짖음

growl
으르렁거리다

The Jungle Book

Rudyard Kipling

It's a Man-Cub

사람의 아이

It was early evening in the Seeonee Hills in Central India.

Father Wolf woke up. He scratched himself and stretched his long legs.

"Oh, it's a good evening for hunting!" he yawned.

Mother Wolf lay next to him.

She was feeding her four cubs.* cub는 여우·곰·사자와 같은 육식 동물의 '새끼'를 가리킵니다.

Suddenly, they heard the angry whine of a hungry tiger!

"It's that fool, Shere Khan!" said Father Wolf.

"How does he expect to catch anything when he makes so much noise?"

Mini-Lesson

See p.92

too + 형용사(A) + to + 동사원형(B): 너무 A해서 B할 수 없다
- He's too slow to hunt buffalo. 그는 너무 느려서 물소를 사냥할 수 없어요.
- James was too young to enter school. 제임스는 너무 어려서 학교에 들어갈 수 없었다.

"He has a bad leg," said Mother Wolf.
"He's too slow to hunt buffalo. The village people
are angry because he kills their cows. But I think he's
hunting man, not animal, tonight! The Law of the
Jungle says that we must not kill man. If we do, men
with big guns will come to hunt us. Then we will all
be in danger!"

- □ central 중앙의
- □ wake up 깨어나다
  (wake-woke-woken)
- □ scratch 긁다, 할퀴다
- □ stretch (다리 등)을 펴다, 쭉 뻗다
- □ hunt 사냥하다
- □ yawn 하품하다
- □ lie 드러누워 있다 (lie-lay-lain)
- □ feed …에게 젖을 주다
- □ whine (개·늑대 등의) 울부짖음
- □ expect to+동사원형 …하기를 기대하다
- □ make much noise 아주 시끄러운 소리를 내다
- □ buffalo 물소(복수형은 buffalo 또는 buffaloes)
- □ village 마을
- □ cow 소, 집소, 암소
- □ law 법칙
- □ in danger 위험에 빠져

They could hear Shere Khan getting closer and
closer. Father Wolf rushed out of the cave to defend
his home.

Something was moving in the nearby bushes!

He got ready to attack.

Suddenly, a baby stood in front of him.

☐ get closer and closer 점점 더
　가까이 다가오다
☐ rush out of 갑자기 …을 뛰쳐나가다
☐ cave 동굴
☐ defend 지키다
☐ nearby 가까운; 근처에서
☐ bush 덤불
☐ get〔be〕ready to+동사원형
　…할 준비가 되다

☐ attack 공격하다
☐ hold onto …을 꽉 붙잡고 떨어지지 않다
☐ fall over (걸려) 넘어지다
☐ pick ... up …을 줍다
☐ lay ... down …을 내려놓다, 두다
　(lay-laid-laid)
☐ naked 벌거벗은
☐ bold 용감한
☐ suckle 젖을 빨다

"Man!" he cried. "It's a man-cub!"

The baby's little legs were not very strong. He was holding onto a low branch so he wouldn't fall over. The baby laughed and looked up at Father Wolf.

"Is that a man-cub?" asked Mother Wolf.

"I've never seen one before. Bring him to me."

Father Wolf gently picked him up in his huge mouth. Then he carried him into the cave, and laid him down next to his own cubs.

"Oh, how little, naked and bold he is!" said Mother Wolf softly.

The little baby began to suckle like the little cubs.

"Oh, look!" she said. "He's taking his meal with the others."

Suddenly, the large head of the tiger, Shere Khan, appeared in the cave!

"So, you have the man-cub!" he growled.

"Give him to me, he's mine!"

"No!" said Father Wolf. "We only take orders from [1] the Leader of our Pack! We want to keep him. But if we want to kill him, we will kill him!"

The angry tiger's roar echoed like thunder around the cave.

Mother Wolf sprang forward! She was ready to protect her cubs.

Her two large green eyes blazed like fire in the moonlight.

---

1 **take orders from** ⋯의 명령을 따르다
We only take orders from the Leader of our Pack!
우리는 우리 부족의 대장의 명령만 따른다!

"The man-cub is mine," she howled. "He will not be
killed. He will learn the Law of the Jungle.
He will run and hunt with the Pack!"

☐ appear 나타나다
☐ growl (동물이 화가 나서) 으르렁거리다
☐ pack (같은 종류의) 동물의 한 떼
☐ roar 포효; (맹수가) 포효하다,
　으르렁거리다
☐ echo around …에 울려 퍼지다
☐ thunder 천둥

☐ spring forward 뛰어나가다
　(spring-sprang-sprung)
☐ protect 지키다, 보호하다
☐ blaze 빛나다
☐ in the moonlight 달빛을 받아
☐ howl (개·늑대 등이) 길게 울부짖다

The tiger backed out of the cave.

He was no match for an angry Mother Wolf. [1]

"What will the Pack say about the man-cub?"

he growled. "He is mine, and I will have him in the

end!"

Then he turned and limped off into the jungle.

1 **be no match for** …의 경쟁 상대가 안 되다
He was no match for an angry Mother Wolf.
그는 분노한 엄마 늑대의 경쟁 상대가 안 되었다.

2 **rule against** …에게 반대되는 결정을 내리다
Will you still keep him if they rule against you?
그들이 당신에게 반대되는 결정을 내려도 여전히 사람의 아이를 키울 건가?

"He's right, Mother," said Father Wolf.
"He must be shown to the Pack.
Will you still keep him if they rule against you?" [2]
"Yes, he is mine. I'll call him Mowgli!
He'll be a brother to our four sons!"

□ back out of ···에서 물러나다
□ in the end 결국에는
□ limp off into 절면서 ···로 사라지다
□ be shown to ···에게 보여지다
□ still 여전히, 그럼에도 불구하고
□ brother to ···의 형제

Every month, when the moon was full, the Wolf
Pack met.

So, Mowgli and his family went to the next meeting
at Council Rock.

When they arrived, their leader, Akela, lay on top of
his favorite rock.

More than forty wolves of every size and color were [1]
waiting to hear him speak.

Father Wolf pushed Mowgli forward.

But, before he could speak, there was a loud roar
from behind the rocks.

"The man-cub is mine. Give him to me!" cried Shere
Khan.

"You cannot give us orders. We are Free People!"
cried Akela.

The Pack howled in agreement.

☐ full (달이) 보름달인
☐ council 회의
☐ more than …이상의(= over)

☐ push ... forward …을 내밀다
☐ loud 시끄러운, (목소리가) 큰
☐ in agreement 일치하여, 한마음으로

1 of every size and color 다양한 몸집과 색깔의
  More than forty wolves of every size and color were waiting to
  hear him speak.
  다양한 몸집과 색깔의 늑대 40여 마리가 그가 말하기를 기다리고 있었다.

"Who speaks for the man-cub?" asked Akela.
Baloo, the sleepy brown bear, stepped forward.
He was the only other animal allowed to attend the
meetings.
"I do, I speak for the little man-cub," he said.
"He's harmless. Let him run with the Pack.
I will teach him the Law of the Jungle!"
"Will anyone else speak for the man-cub?"
A black shadow dropped down from a nearby tree.
It was Bagheera the Black Panther. He was clever and
bold.
"Akela, may I speak?" he said softly.
"Speak!" cried Akela.

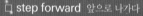

- step forward 앞으로 나가다
- allowed to+동사원형 …하도록
  허락된
- attend …에 참석하다
- harmless 해롭지 않은

- panther 흑표범
- it is wrong to+동사원형 …하는
  것은 옳지 않다
- in exchange 그 대신, 답례로
- bull 황소

"It is wrong to kill the man-cub," said Bagheera.
"Let him live with the Pack. And in exchange I will
kill a bull for Shere Khan to eat!"
"Listen to Bagheera," shouted the Pack. "We accept
the man-cub!"
"Men and their cubs are wise," said Akela. "This
man-cub will grow up to be strong. Then perhaps
he will help us. Now, take him away and teach him
well!"
And that is how Mowgli became a member of the
Seeonee Wolf Pack.

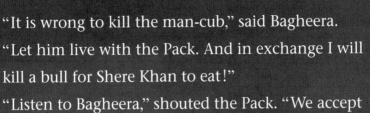

? 다음 중 모글리를 위해 말한 동물이 아닌 것은?
a. Baloo
b. Bagheera
c. Shere Khan

정답 ⊃

Check-up Time!

● **WORDS**

알맞은 단어를 보기에서 골라 문장을 완성하세요.

stretched	howled	laid	rushed

1 He woke up and _____ his long legs.

2 He _____ the man-cub down next to his own cubs.

3 The wolves _____ loudly in agreement.

4 Father Wolf _____ out of the cave to defend his home.

● **STRUCTURE**

빈칸에 알맞은 단어에 체크하세요.

1 Shere Khan is _____ slow to hunt buffalo.

☐ too   ☐ so

2 Father Wolf got ready _____ the tiger.

☐ to attack   ☐ attacking

3 It is wrong _____ the man-cub.

☐ to kill   ☐ killed

(ANSWERS)

Words : 1. stretched 2. laid 3. howled 4. rushed
Structure : 1. too 2. to attack 3. to kill

28 • The Jungle Book

● COMPREHENSION

본문의 내용과 일치하면 T, 일치하지 않으면 F에 표시하세요.

1 Mother Wolf was no match for Shere Khan. ☐T ☐F

2 Every month, when the moon was full,
the Wolf Pack met. ☐T ☐F

3 Baloo was the only animal allowed to attend
the meetings. ☐T ☐F

4 Bagheera said he would kill a bull for Akela. ☐T ☐F

● SUMMARY

빈칸에 맞는 말을 골라 이야기를 완성하세요.

One evening in Central India, Father Wolf found a
man-cub. (　　), the tiger, was hunting him and wanted
him back. But Mother Wolf wanted to keep him and call
him (　　). Later the family went to Council Rock to
attend the Pack (　　). The wolves agreed to accept the
man-cub as a (　　) of their Pack.

a. meeting
c. Shere Khan

b. Mowgli
d. member

CHAPTER 2

Mowgli Learns the Law of the Jungle

모글리, 정글의 법칙을 배우다

For ten years Mowgli lived with the four wolf cubs and their parents.

Baloo and Bagheera taught him everything about the Laws of the Jungle.

He learned the meaning of every movement in the grass, and of every bird song.

He knew why a little fish splashed in the water, or a bat scratched in the trees above him.

Baloo showed Mowgli how to call the animals of the jungle.

"Say the words for the Hunting People," said Baloo.

"We are brothers, you and I!" muttered Mowgli.

"Now, say it for the Snake People!" demanded Baloo.

Mowgli hissed, "We are brothersss, you and I!"

"Now the Bird People!"

And Mowgli whistled the same words.

- □ teach …에게 ~을 가르치다
  (teach-taught-taught)
- □ movement 움직임
- □ splash (물속에서) 첨벙거리다
- □ mutter 중얼거리다, 속삭이다
- □ snake 뱀
- □ demand 요구하다
- □ hiss 쉿(쉬익)하는 소리를 내다
- □ whistle …을 지저귀듯이 말하다

Bagheera taught Mowgli how to climb trees to pick nuts to eat. And Baloo showed him how to collect honey from the beehives.

"You don't always have to eat meat, Mowgli. Honey [1] is sweet and delicious," he said.

Bagheera taught him to run fast and swim well.

"You will need to be a quick runner if Shere Khan is after you!" he said. "And he doesn't like getting wet, so you'll be safe in the water!"

□ climb 올라가다
□ nut 나무 열매
□ collect 모으다
□ beehive 벌집
□ be after …을 뒤쫓다
□ safe 안전한
□ stay away from
  …로부터 멀리 떨어지다
□ cattle (복수취급) 소

Mowgli also learned to hunt only when he was
hungry. But Baloo taught him the most important
lesson of all.

"Stay away from the man village," he growled.
"Or they will kill you to protect their cattle!" ☀

---

1 **not always** (부분부정) 항상 …하는 것은 아니다
You don't always have to eat meat, Mowgli.
네가 항상 고기를 먹어야 하는 것은 아니야, 모글리.

Mini-Less☀n

명령형＋or : …하라, 그러지 않으면

• "Stay away from the man village," he growled. "Or they will kill you to
protect their cattle!"
"인간의 마을로부터 멀리 떨어져, 그러지 않으면 그들이 소를 지키려고 너를 죽일 거야!" 발루가 으르렁거렸다.

• Hurry up, or you'll miss the train. 서둘러, 그러지 않으면 넌 기차를 놓칠 거야.

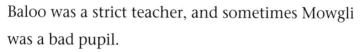

Baloo was a strict teacher, and sometimes Mowgli was a bad pupil.

He got bored with so many lessons. [1]

"Pay attention, Mowgli!" cried Baloo.

When Mowgli didn't, Baloo would lightly slap him. [2]

But Mowgli didn't like being punished.

So he ran away many times.

When he ran away, Mowgli went to play with the Bandar-log.

They were a group of naughty monkeys.

One day, Baloo and Bagheera found Mowgli with them.

"Why do you play with them?" demanded Baloo, angrily.

☐ **strict** 엄격한
☐ **pupil** 제자, 학생
☐ **pay attention** 집중하다
☐ **lightly** 가볍게
☐ **slap** 때리다

☐ **punish** 벌주다
☐ **naughty** 장난꾸러기의, 행실이 나쁜
☐ **angrily** 화가 나서
☐ **control** 지휘하다, 통제하다
☐ **obey** …에 따르다, 복종하다

[1] **get bored with** …에 싫증을 내다
He got bored with so many lessons. 그는 수많은 가르침에 싫증을 냈다.

[2] **would + 동사원형** (과거의 습관) …하곤 했다
When Mowgli didn't, Baloo would lightly slap him.
모글리가 집중하지 않을 때마다, 발루는 모글리를 가볍게 때리곤 했다.

"Because they never
punish me!" cried Mowgli.

"And they are always happy and kind."

"Listen to me," growled Baloo. "They have no leader
to control them. They do not obey the law. Nobody
speaks to them. Don't go near them again! Now, let
us return home."

As Baloo, Bagheera and Mowgli hurried through the
jungle, the Bandar-log quietly watched them from
the trees.

1 **time for + 명사** …할 시간
By midday, it was very hot, so Baloo decided it was time for a short sleep.
한낮이 되자 날은 매우 더워졌고, 발루는 낮잠을 잘 시간이라고 결정을 내렸다.

2 **begin to + 동사원형** …하기 시작하다
Bagheera began to climb the tree.
바기라는 나무 위를 올라가기 시작했다.

By midday, it was very hot, so Baloo decided it was time for a short sleep. [1]

Mowgli lay down between the bear and the panther.

Suddenly hands grabbed his arms and legs, and lifted him high into the trees.

"Help me, Baloo!" he shouted. "Help me, Bagheera!"

Bagheera began to climb the tree. [2]

"I'll save him!" cried Baloo.

Then he shook the tree.

"Stop! Stop it, Baloo!" roared Bagheera. "Or I'll fall!"

But the higher he climbed, the smaller the branches became. He could not reach Mowgli!

☐ by midday 한낮이 되자
☐ decide (that) …라고 결정을 내리다
☐ grab 꽉 잡다
　(grab-grabbed-grabbed)
☐ lift 들어 올리다
☐ shake 흔들다
　(shake-shook-shaken)
☐ reach (손을 뻗어) …을 잡다

Mini-Less ☀n

See p.93

The + 비교급, the + 비교급: …하면 할수록, 더 ~하다

• The higher he climbed, the smaller the branches became.
　그가 높이 올라가면 갈수록, 나뭇가지들은 더 작아졌다. .

• The further you travel, the more you pay. 멀리 여행하면 할수록, 요금을 더 많이 내셔야 합니다.

• The more you have, the more you want. 많이 가지면 가질수록, 더 원한다.

The Bandar-log carried Mowgli quickly through the treetops.

Eventually he lost sight of Baloo and Bagheera. [1]

"How can I get away?" he thought.

Then he saw Chil, the hawk, flying overhead.

"We are brothers, you and I!" he whistled to Chil.

"Tell Baloo and Bagheera, where I am!"

Meanwhile Baloo and Bagheera were searching for Mowgli.

They asked everyone they saw, "Have you seen the man-cub? The Bandar-log monkeys have stolen him!"

But no one had seen him.

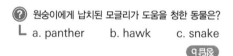

? 원숭이에게 납치된 모글리가 도움을 청한 동물은?

└ a. panther　　b. hawk　　c. snake

정답 q

- □ treetop 나무 꼭대기
- □ eventually 결국
- □ lose 잃다, 놓치다 (lose-lost-lost)
- □ get away 도망치다
- □ hawk 매
- □ overhead 머리 위에서

- □ whistle to …에게 지저귀는 소리로 〔휘파람으로〕 신호를 보내다
- □ meanwhile 그 사이에
- □ search for …을 찾다
- □ steal 훔치다 (steal-stole-stolen)

1　**lose sight of** …을 시야에서 놓치다
　Eventually he lost sight of Baloo and Bagheera.
　결국 그는 발루와 바기라를 시야에서 놓쳤다.

 # Check-up Time!

● **WORDS**

빈칸에 알맞은 단어를 보기에서 골라 써넣으세요.

cattle	nuts	beehive	hawk

1 He climbed the tree to pick _____.

2 The village people tried to protect their _____.

3 Bees live and raise their young in a _____.

4 I saw a _____ flying to the east.

● **STRUCTURE**

알맞은 단어를 골라 문장을 완성하세요.

1 Take an umbrella with you, (or, and) you'll get wet.

2 When she was young, she (would, should) go to the park with her dad.

3 He got bored (with, to) his job, so he tried something new.

● COMPREHENSION

이야기의 흐름에 맞게 순서를 정하세요.

a. Baloo began to shake the tree.

b. Mowgli saw Chil flying overhead.

c. "Help me, Baloo! Help me, Bagheera!" shouted Mowgli.

d. Hands grabbed Mowgli's arms and legs, and lifted him high into the trees.

(   ) → (   ) → (   ) → (   )

● SUMMARY

빈칸에 맞는 말을 골라 이야기를 완성하세요.

For ten years Mowgli lived with the wolf family. Baloo and Bagheera taught him everything about the (   ) of the Jungle. One day, when Mowgli was taking a short sleep, he was taken by the Bandar-log (   ). They carried him through the (   ). He whistled to (   ), the hawk. Meanwhile Baloo and Bagheera tried to search for Mowgli.

a. treetops

b. Laws

c. Chil

d. monkeys

Kaa Goes Hunting

카아의 사냥

Then Baloo and
Bagheera met Kaa,
the huge Rock Snake.
He was ten meters long,
and very strong.
Kaa was lying on a rock,

★ 열대우림에 사는 '비단뱀'은
사슴도 통째로 잡아먹는다고 해요.

warming himself. His new brown and yellow coat
shone in the midday sun.

"Good day, Kaa," said Baloo.

"Oho, Baloo, what are you doing sssooo far from
home?" he hissed.

"We are looking for the Bandar-log. They have
stolen our man-cub!"

"Then he'sss in great danger!" hissed Kaa.
Suddenly they heard someone calling from high
above them.

"Up! Up! Look up, Baloo!"

Baloo, Bagheera and Kaa all looked up to the sky.

They saw Chil circling overhead.

"What is it?" cried Baloo.

"I have seen Mowgli!" called Chil. "The Bandar-log have taken him to the Lost City of the Monkeys!"

"Oh no!" said Baloo. "It will take me most of the night to get there!"

He turned to Bagheera and said, "You and Kaa go on. I'll follow as fast as I can!"

□ go hunting 사냥하러 가다
□ warm …을 덥히다, 따뜻하게 하다
□ coat (동물의) 껍질, 가죽
□ shine 빛나다, 반짝이다
  (shine-shone-shone)

□ look up to …을 올려다 보다
□ circle 빙빙 돌다
□ most of …의 대부분
□ turn to …쪽으로 몸을 돌리다
□ go on 계속 가다

Later that afternoon, the Bandar-log arrived at the
Lost City with Mowgli.

The city was very old. The buildings were beautiful
but the walls were falling down.

The young monkeys wrestled each other. They threw
sticks and stones.

And they talked and talked and talked.

"Baloo was right," thought Mowgli. "The Bandar-log
don't have a leader. And they have no Laws. They
do whatever they please. I must escape!" ☀

He ran toward the city walls, but the monkeys
caught him.

"You'll be much happier if you stay with us!" they
shouted. "We're the most wonderful animals in the
jungle. Everyone knows it's true!"

☐ wrestle …와 맞붙어 싸우다
☐ throw 던지다
　(throw-threw-thrown)

☐ escape 도망치다
☐ catch 붙잡다
　(catch-caught-caught)

Mini-Less☀n

whatever + 주어(A) + 동사(B): A가 B하는 것은 무엇이든지 다

• They do whatever they please. 그들은 자신들이 좋아하는 것은 무엇이든지 다 해.
• Today you can eat whatever you like. 오늘은 네가 원하는 것은 무엇이든지 다 먹을 수 있다.

Soon, Bagheera and Kaa arrived outside the city walls.

They knew that so many monkeys in one place meant danger.

"I'll go to the higher ground by the west wall," said Kaa, "and come down the hill very quickly. Then I'll sssurprise them!"

"When that cloud passes over the moon, I will attack them!" said Bagheera.

Kaa slithered quickly along the wall.

The cloud hid the moon.

Suddenly, Mowgli saw Bagheera running toward a large group of monkeys.

He started biting and hitting them with his strong paws.

They screamed at him, and tried to escape.

Then one of them shouted, "There's only one! Kill him! Kill him!"

The monkeys threw themselves onto the panther's back, biting and scratching him.

"Run, Bagheera, run!" shouted Mowgli.

Some of the monkeys pulled Mowgli up a wall.

Then they pushed him over and into a pit.

All around him he heard hissing!

"Oh no, I'm in a snake pit!" he thought.

□ mean ···을 뜻하다
　（mean-meant-meant）
□ ground 땅바닥, 지면
□ surprise 놀래키다
□ pass over ···위를 가리다
□ slither 미끄러지듯 나아가다
□ hide 가리다 (hide-hid-hidden)
□ start ...ing/to+동사원형 ···하기

시작하다
□ bite 물다
□ paw （발톱이 있는 동물의) 발
□ throw oneself onto ···위로 몸을
　내던지다
□ pull A up B A를 B 위로 끌어올리다
□ push ... over ···을 밀어 넘어뜨리다
□ pit 구멍, 함정

But Mowgli knew what to do.

"We are brothersss, you and I!" he hissed.

"Yesss, Yesss!" replied the snakes.

"But ssstand ssstill, or you might crush our babiesss."

Poor Mowgli stood very still, and listened to the sounds of battle.

"Where is Baloo?" he thought. "Bagheera needs his help!"

Just then, from outside the city wall, came the roar of an angry bear.

"Hang on, Bagheera!" shouted Baloo. "I'll soon get rid of the Bandar-log!"

Mowgli could hear Baloo beating the monkeys with his huge arms.

Meanwhile Kaa had taken some time to climb up to the west wall. He came down the hill very fast, and moved silently toward the crowd of monkeys.

The first strike of his huge head silenced the Bandar-log! When they are young, monkeys hear stories about Kaa's great strength. So they are very afraid of him because he can kill the strongest monkey.

"Run, everyone! It's Kaa! Run for your life!" they screamed in terror.

□ stand still 가만히 서 있다
□ crush 밟아 으깨다
□ hang on 버티다, 계속 견디다
□ get rid of 처치하다
□ beat 때리다

□ strike 일격
□ silence 잠재우다
□ run for one's life 걸음아 날 살려라 도망치다
□ in terror 겁에 질려

Mini-Lesson

도치: 장소를 나타내는 부사구 + 동사 + 주어

From outside the city wall came the roar of an angry bear.
'도시 외곽으로부터 성난 곰의 으르렁거리는 소리가 들려왔다.'는 주어(the roar of an angry bear)와 동사(came)의 위치가 바뀌었는데요, 이는 장소를 나타내는 부사구 From outside the city wall를 강조하기 위해 문장 앞에 두었기 때문이랍니다.

• By the lake stood a man with a walking stick. 호숫가에 지팡이를 든 한 남자가 서 있었다.

Soon,

Bagheera met up with Baloo and Kaa.

"Where's the man-cub?" growled Baloo.

"I'm here," cried Mowgli. "I'm in the snake pit!"

Kaa hit his head against the wall, again and again!

Eventually he made a hole big enough for Mowgli to

crawl through.

"Are you hurt?" asked Baloo.

"Not really," said Mowgli. "But I'm hungry and very

tired."

"You must thank Kaa for saving you," said Baloo.

□ meet up with …와 만나다
　(meet-met-met)
□ crawl through …을 기어나가다
□ be hurt 다치다

□ thank A for B A에게 B에 대해 감사
　인사를 하다
□ share …을 나눠 가지다

---

1 **ever** (if 절에서) 언젠가
　If you are ever hungry, you can ssshare whatever I kill!
　언젠가 네가 배가 고프면, 내가 사냥한 것은 뭐든지 나,나,나눠 가져도 돼!

"We are brothersss, you and I!" hissed Mowgli.
"Thank you for sssaving me. If you are ever hungry, [1]
you can ssshare whatever I kill!"

"Thank you Mowgli," hissed Kaa. "What do you kill?"

"Well, nothing yet," said Mowgli quietly. "I'm still too little!"

"You are brave, little brother," said Kaa.

"Jump on my back, Mowgli," said Bagheera. "Let's go home!"

Check-up Time!

● WORDS

다음 단어에 해당되는 뜻을 찾아 연결하세요.

1 pit   •   • a. 미끄러지듯 나아가다

2 escape   •   • b. 구멍, 함정

3 slither   •   • c. 도망치다

4 paw   •   • d. (동물의) 발

● STRUCTURE

주어진 동사를 과거형으로 고쳐 쓰세요.

1 They _____ sticks and stones. (throw)

2 He ran to the city walls, but the monkeys _____ him.
   (catch)

3 His new brown and yellow coat _____ in the midday
   sun. (shine)

4 They knew that so many monkeys in one place _____
   danger. (mean)

다음은 누가 한 말일까요? 기호를 써넣으세요.

a.

Kaa

b.

Baloo

c.

Mowgli

1 "I'm hungry and very tired." _____

2 "I'll go to the higher ground by the west wall." _____

3 "It will take me most of the night to get there!" _____

● SUMMARY

빈칸에 맞는 말을 골라 이야기를 완성하세요.

> While Baloo and Bagheera were searching for (   ), they met Kaa. Then (   ) appeared and told them where Mowgli was. So they went to the Lost City of the (   ). The monkeys all ran away to see (   ). Finally Baloo and Bagheera met Mowgli and they returned home.

a. Chil

b. Bandar-log

c. Kaa

d. Mowgli

ANSWERS

Comprehension | 1. c 2. a 3. b   Summary | d, a, b, c

Other Animals of the Indian Jungle

인도 정글의 또다른 동물들

Indian Elephant 인도 코끼리

A male Indian Elephant can grow to 3 m tall and weigh up to 5000 kg. Only the male grows tusks. Elephants use their trunks to collect food and water and also for breathing. They live in family groups, and eat leaves and grass. They are very important in Indian culture.

인도 코끼리 수컷은 키가 3미터, 무게가 5천 킬로그램까지 나간다. 엄니는 수컷에만 있다. 코는 먹고 마시고 숨쉬는 데 사용된다. 인도 코끼리들은 가족 단위로 살며, 나뭇잎과 풀을 먹는다. 이들은 인도 문화에서 아주 중요한 위치를 차지하고 있다.

Indian Rhino 인도 코뿔소

The Indian Rhinoceros has one horn. Its thick, gray-brown skin looks like armor. It weighs 1,600 (female) - 2,200 (male) kg. They have bad eyesight, but excellent hearing and sense of smell. They swim, and run very fast. Indian Rhinos live in tall grasslands, and eat only grass and leaves.

인도 코뿔소에는 뿔이 하나 있다. 회색빛을 띤 갈색의 가죽은 두꺼워서 마치 갑옷 같다. 무게는 1,600(암컷)에서 2,300(수컷) 킬로그램 사이다. 시력은 약한 대신, 청각과 후각은 매우 발달해 있다. 이들은 헤엄도 치고 아주 빨리 달린다. 인도 코뿔소는 풀이 무성한 초원에서 살며, 풀과 나뭇잎만 먹는다.

Indian Cobra 인도 코브라

The Indian Cobra is the most venomous snake in the world. One bite from the Indian Cobra can release enough venom to kill an elephant. It is celebrated in Indian legends, and is seen in carvings on temple walls. The Indian Cobra has recently been hunted for the production of fashion handbags.

인도 코브라는 세계에서 가장 유독한 뱀이다. 한 번 물기만 해도 코끼리를 죽일 만큼의 독이 나온다. 인도 전설에서 신앙의 대상이며, 사원 벽 조각에 등장한다. 인도 코브라는 최근 핸드백을 만들기 위해 인간의 사냥감이 되고 있다.

Open Your Eyes, Mowgli!

눈을 떠, 모글리!

Mowgli continued to live and hunt with the wolves. [1]
Sometimes, he would go down to the human village
and watch the people.

"They look like me," he thought. "But I'm a wolf,
and they are humans!"

Many times Mother Wolf warned Mowgli about
Shere Khan.

"Son, never forget that Shere Khan wants to kill you!
One day, you must kill him."

But he always forgot her warning.

Many of the young wolves followed Shere Khan
when he hunted.

Akela didn't like what was happening, but he was

☐ **human** 인간의; 인간
☐ **warn A about B** A에게 B에 대해
경고하다

☐ **forget** 잊다
(forget-forgot-forgotten)
☐ **warning** 경고
☐ **hunter** 사냥꾼, 먹이를 찾는 동물

---

1 **continue to + 동사원형** 계속 …하다(= continue …ing)
Mowgli continued to live and hunt with the wolves.
모글리는 계속 늑대들과 살면서 사냥을 했다.

too old to stop them.

"Why do you young hunters stay with the Pack?" growled Shere Khan.

"Your leader is dying! And the man-cub is growing stronger!"

Bagheera heard what the tiger had said.

"Be very careful, Mowgli," he warned.

"Shere Khan wants to kill you before you become a man!"

"But I have the Pack," laughed Mowgli. "And I have you and Baloo! Why should I be afraid?"

"Open your eyes!" growled Bagheera.

"Akela is old! Shere Khan wants to be the leader of the Seeonee Pack!"

"But I have hunted and played with the young wolves!" cried Mowgli.

"I have pulled thorns from their paws! [1] They are my Brothers!"

"Collect some fire from the village and take it to the [2] next Pack meeting," growled Bagheera.

"Everyone is afraid of it, except you, Mowgli! Fire will be a stronger friend to you than I or Baloo."

? Mowgli would pull _____
L from the young wolves' paws.

정답 thorns

□ careful 조심하는
□ thorn 가시

□ except ···을 빼고, 제외하고
□ be a friend to ···에게 친구가 되어 주다

1 **pull A from B** A를 B로부터 뽑다
I have pulled thorns from their paws! They are my Brothers!
나는 그들 발에 박힌 가시를 뽑아 줬어! 그들은 나의 형제야!

2 **collect A from B** A를 B에서 가져오다
Collect some fire from the village and take it to the next Pack meeting. 마을에서 불을 가져 와서 다음 부족 회의에 가지고 가.

The next day, Mowgli went to the nearby village.
He hid in the bushes and watched a little boy
carrying a fire pot. The little boy put it outside his ¹
hut, and went back inside.

Mowgli took the pot, and ran back to the jungle.
That evening, Mowgli and his family went to a
meeting of the Seeonee Pack.

Akela was old and tired, and lay beside his favorite
rock. Mowgli sat down with the other wolves.

He put the fire pot between his legs. When Shere
Khan began to speak, Mowgli jumped up!

"Why is he speaking?" he demanded. "He's not a
member of this pack!"

"Akela is old and will die soon!" growled Shere
Khan. "The leadership of this Pack will then be
open! And I will be your new leader! Now, give me
the man-cub! He is mine!"

□ fire pot 불 단지
□ hut 오두막
□ jump up 벌떡 일어서다

□ leadership 지도자의 자리〔지위〕
□ open 비어 있는, 공석의

---

1 watch + 목적어(A) + ...ing(B) A가 B하는 것을 지켜보다
He hid in the bushes and watched a little boy carrying a fire pot.
그는 덤불에 숨어서 한 자그마한 소년이 불 단지를 들고 가는 것을 지켜보았다.

Some of the younger wolves howled angrily.

"A man has no place in our Wolf Pack!" they said.

"Mowgli has lived with the Pack," cried Akela.

"He always obeys the Laws of the Jungle!"

"But he is still a man!" cried Shere Khan and most of the wolves.

Then some of the wolves growled, and crept toward Mowgli. Mowgli was very sad and angry.

He stood up with the fire pot in his hands.

"Many times tonight you have called me a man," [1] he cried. "But I have always thought that you were my brothers. You are no longer my brothers! [2] You are just wild dogs! I am leaving, but first I must talk to Shere Khan!"

Mowgli dropped the fire on the ground.

The wolves saw it and were very afraid. They moved

away from him!

□ creep toward ···쪽으로 느릿느릿
　가다 (creep-crept-crept)
□ wild dog 들개

□ drop 떨어뜨리다
□ move away from ···로부터 떠나다

1　call + 명사(A) + 명사(B)　A를 B라고 부르다
　Many times tonight you have called me a man.
　오늘 밤 너희들은 몇 번이나 나를 사람이라고 불렀다.

2　no longer　더 이상 ···가 아닌
　You are no longer my brothers! 너희들은 더 이상 내 형제가 아니야!

Mowgli stepped toward Shere Khan with a burning stick.

"This cattle killer wants to kill me!" he cried.

"He thinks I'm becoming too powerful in the Seeonee Pack!"

Then he hit the great tiger on the head with the burning stick.

Shere Khan cried out in pain and terror!

"You're not so brave now, are you?" said Mowgli.
He turned to the Pack and cried, "One day I will
return with Shere Khan's skin!"
Then, he threw the remaining fire at the great tiger
and his followers.
They all ran away into the jungle!
Only Mowgli, Akela, Bagheera and a few older
wolves remained.
"You are in danger if I stay," he sobbed. "It's time for
me to go to the man's world. But first I must visit [1]
my mother!"

□ step toward …쪽으로 걸음을 내딛다
□ burning 불붙은, 불타는
□ cry out 울부짖다
□ in pain and terror 고통스럽고
　무서워서

□ remaining 남아 있는
□ follower 추종자, 뒤따르는 것
□ sob 흐느끼다
□ visit …을 찾아가다

1　**It's time for + 목적어(A) + to + 동사원형(B)** 이제 A가 B할 시간이다
　It's time for me to go to the man's world.
　이제 내가 인간 세상으로 가야 할 시간이야.

Mini-Less･ﾒ･n

See p.94

hit ... on the head : …의 머리를 치다(때리다)
　• Then he hit the great tiger on the head with the burning stick.
　　그리고 나서 그는 불붙은 나뭇가지로 그 큰 호랑이의 머리를 쳤다.
　• The ball hit him on the head. 공이 그의 머리를 쳤다.

Early the next morning, Mowgli made his way down
the hill.

"I must get as far away from Shere Khan as I can," [1]
he thought.

So he ran and ran until he came to a small village.

Everywhere he could see cows and buffaloes.

But the children were frightened and ran away from
him.

Mini-Less⁀n

강한 추측을 나타내는 **must be**

' …가 틀림없다, 틀림없이 …이다'라고 강한 추측을 표현하고 싶을 때에는
must be를 쓰면 된답니다.

- He must be a wolf-child who has run away from the jungle!
  그는 정글에서 도망친 늑대 소년이 틀림없어요!
- She's traveled all day. She must be tired. 그녀는 하루 종일 여행했어. 틀림없이 피곤할 거야.

Then a fat man and some villagers ran toward him.

"Don't be afraid," he said to Mowgli.

"Look," he shouted to the villagers, "he has bite marks on his body! He must be a wolf-child who has  run away from the jungle!"

☐ make one's way down
  …을 내려가다
☐ everywhere 어디든지, 온통 사방에

☐ frightened 겁에 질린
☐ bite mark 물린 자국
☐ run away from …로부터 도망치다

1 **get as far away from + 명사(A) + as + 주어(B) + can** B가 할 수 있는 한
  A에서 멀리 벗어나다
  I must get as far away from Shere Khan as I can.
  나는 할 수 있는 한 셰어 칸에게서 멀리 벗어나야 해.

"Messua," said a kindly woman, "he looks like your son who was taken by a tiger!"

"Let me see your face, child," said Messua.

"Yes, he does."

"Take him home," said the fat man. "The jungle took your boy! And the jungle has given this one back!"

Messua led Mowgli to her house.

She gave him milk and bread to eat.

But he couldn't understand a word she said.

"I am no longer a wolf-boy," he thought.

"I must learn to speak the humans' words!"

That night, when the others were asleep, he climbed out of the window.

He couldn't sleep inside Messua's house.

It felt like a prison.

He lay down in the long grass beside a field.

☐ kindly 친절〔상냥〕한; 친절〔상냥〕하게
☐ look like …와 닮다, …처럼 보이다
☐ be taken by …에게 잡혀가다, 납치되다
☐ give ... back …을 돌려주다
☐ lead A to B A를 B로 이끌다 〔안내하다, 인도하다〕
☐ understand 이해하다
☐ climb out of …에서 빠져나오다
☐ feel like …처럼 느껴지다 (feel-felt-felt)
☐ prison 감옥
☐ field 밭, 들(판)

As he closed his eyes, he felt a soft damp nose on his face. It was Gray Brother, the eldest of Mother Wolf's cubs.

"Pooh! You smell just like a man now!" he said.

"No, I don't!" said Mowgli.

"Listen, little brother. Shere Khan is very angry that you burnt him. He has said that when he recovers, [1] he will kill you!"

---

1 **be angry that** + 주어(A) + 동사(B) A가 B했다고 화가 나다
  Shere Khan is very angry that you burnt him.
  셰어 칸은 네가 그에게 화상을 입혔다고 잔뜩 화가 나 있어.

"I'm tired! I don't want to hear about that old tiger tonight. But I hope you'll come again with news of the Seeonee Pack!"

"Remember, little brother, you will always be a wolf!" said his brother. "Men will not change you!"

"How can I forget the love of my family?" said Mowgli.

"Be careful, little brother," warned Gray Brother. Then he returned to the jungle.

□ damp 축축한
□ gray 회색의
□ eldest 맏이의

□ burn ⋯에게 화상을 입히다
　(burn - burnt - burnt)
□ recover 회복되다, 건강을 되찾다

# Check-up Time!

● **WORDS**

빈칸에 알맞은 단어를 보기에서 골라 써넣으세요.

damp	frightened	burning	human

1 Mowgli felt a soft _____ nose on his face.

2 Mowgli threw the _____ fire at the wolves.

3 Children were _____ and ran away from Mowgli.

4 Sometimes Mowgli would go down to the _____ village.

● **STRUCTURE**

알맞은 전치사를 골라 문장을 완성하세요.

1 He hit the tiger (to, on) the head.

2 It's time (for, to) me to go to the man's world.

3 He looks (like, as) your son.

4 That night he climbed out (of, into) the window.

5 She led Mowgli (to, for) her house.

본문의 내용에 맞게 알맞은 단어를 골라 문장을 완성하세요.

1 Many of the _____ wolves followed Shere Khan.

   a. old   b. young

2 _____ and some villagers ran toward Mowgli.

   a. A kindly man   b. A fat man

3 When Mowgli lay down in the grass near a field, _____ appeared.

   a. Gray Brother   b. Akela

● SUMMARY

빈칸에 맞는 말을 골라 이야기를 완성하세요.

> Shere Khan always wanted to kill Mowgli. (   ) warned him about Shere Khan. And (   ) told him to collect fire from a village. In the (   ) meeting, Mowgli burnt Shere Khan's head. The next morning, Mowgli went down to a small village and lived there with (   ).

a. Pack   b. Mother Wolf

c. Bagheera   d. Messua

ANSWERS

CHAPTER 5

The End of Shere Khan

셰어 칸의 최후

Over the following weeks and months, Mowgli got
to know the villagers. [1]

In the evenings, he would sit under a tree with
the men. Then, the village headman, Buldeo,
would tell stories about the jungle.

---

[1] **get to know** 점차 알게 되다
Over the following weeks and months, Mowgli got to know the
villagers. 그 후 몇 주와 몇 달에 걸쳐, 모글리는 마을 사람들을 점차 알게 되었다.

[2] **look after** 돌보다
So each morning Mowgli left the village to look after the herds
of cattle and buffalo.
그래서 모글리는 아침마다 소 떼와 물소 떼를 돌보러 마을을 떠났다.

☐ **village headman** 촌장
☐ **lame** 절뚝거리는
☐ **ghost** 유령

☐ **try not to + 동사원형** …하지 않으려고
애쓰다
☐ **herd** (짐승의) 떼, 무리

One day, he told a story about the lame tiger that
had stolen Messua's son.

"I'm sure he was a ghost, he was afraid of no one!"
he said.

Mowgli knew that they were only stories, so he tried
not to laugh. But Buldeo saw Mowgli's smile.

"You have to work in the fields with the other boys,"
said Buldeo.

So each morning Mowgli left the village to look after
the herds of cattle and buffalo.

One day, near the river, he met Gray Brother again.
"Ah, little brother," he said to Mowgli,
"I have come to warn you. Shere Khan has come
back. He is hunting nearby, and soon he will come
to kill you."
"Let me know when he is coming this way," said
Mowgli.

A few weeks later, Gray Brother was again waiting for Mowgli at the river.

"Shere Khan is back!" his brother warned. "He's hiding in the next valley."

Mowgli stood up straight and said, "I'm not afraid of him."

"He's going to wait for you at the village gate tonight," said Gray Brother.

"Has he eaten?" asked Mowgli.

"Yes!"

"The fool! There is only one way in and out of that valley. He won't be able to climb up the valley walls with a full stomach! We'll drive the buffalo toward his resting place. They'll be angry when they smell the tiger, and rush at him!"

□ valley 계곡
□ stand up straight 똑바로 일어서다
□ gate 입구
□ with a(one's) full stomach
  배부를 때에

□ drive A toward B A를 B 쪽으로 몰다
  (drive-drove-driven)
□ resting place 휴식처, 안식처
□ rush at …을 향해 돌진하다

Suddenly an old gray head appeared.

"Akela!" cried Mowgli. "I'm so glad to see you!"

"I have come to help you, little brother,"

said the kind old wolf.

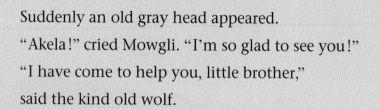

□ **entrance to** …로 들어가는 입구
□ **in place** 제자리에 있는, 준비가 된
□ **put A to B** A를 B에 갖다대다
□ **cattle thief** 가축 도둑

nothing but 단지 …에 지나지 않는(= only)
You are nothing but a cattle thief.
넌 단지 가축 도둑에 지나지 않아.

see who + be동사 누가 …인지 알다(보다)
Then we will see who is the strongest!
그러면 우리는 누가 가장 힘이 센지 알게 될 거야!

Gray Brother and Akela drove the buffalo toward the
entrance to the valley. When everyone was in place,
Mowgli put his hands to his mouth and shouted.
"Shere Khan, I am here! Come and get me!"
His voice echoed around the valley walls.
Then they heard an angry, but sleepy voice call,
"Who is it?"
"It's me, Mowgli! You are nothing but a cattle thief.
Meet me at Council Rock. Then we will see who is
the strongest!"
He knew this would make the tiger very angry.

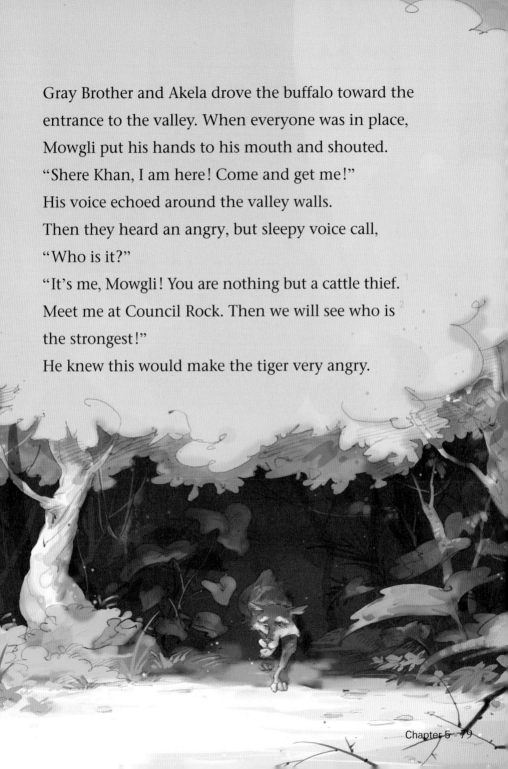

"Okay, get the animals moving!" Mowgli whispered [1]
to Akela and Gray Brother.

The old wolf gave a terrible hunting call, and the
herd started to move!

The buffalo ran into the valley. They went faster and
faster. They could smell Shere Khan.

Not even a tiger can stop the charge of an angry
buffalo herd! Shere Khan could hear the angry
animals getting closer. He frantically tried to climb
the deep sides of the valley.

But he couldn't climb with his full stomach and
lame leg. The old tiger had nowhere to go. The herd
finally closed in on him!

He fell, and was trampled under the feet of the
buffaloes.

At last that nasty old tiger, Shere Khan, was dead!

---

whisper 귓속말을 하다, 속삭이다
hunting call 사냥에서 외치는 소리
charge 돌격
frantically 미친 듯이
have nowhere to go 갈 곳이 없다

☐ close in on (공격하기 위해)
　…로 접근하다, 가까이 다가가다
☐ be trampled under the feet of
　…의 발밑에 깔려 짓밟히다
☐ nasty 심술궂은

---

1 get + 목적어(A) + ...ing(B)　A를 B하게 하다
　Okay, get the animals moving! 좋아, 물소들을 움직이게 해!

"Brothers," said Mowgli, "I will take Shere Khan's skin back to Council Rock!"

So they started to cut the tiger's skin.

Suddenly Mowgli felt someone grab his shoulder.[1]

It was Buldeo!

"Go and look after your buffaloes," he said. "This tiger's skin is mine! There is a reward of 100 rupees* for him! Our village needs the money!"

"No," said Mowgli. "This skin is mine!"

"I am the village headman," shouted Buldeo. "I will have the skin!"

'루피'는 인도, 파키스탄, 스리랑카의 화폐 단위랍니다.

□ reward for …에 대한 보상금〔현상금〕
□ language 언어, 말
□ leap at …에 달려들다
　(leap-leapt-leapt)
□ knock ... to the ground
　…을 땅바닥에 때려눕히다
□ stand over …위에 올라서다
□ belong to …에 속하다

1　feel + 목적어(A) + 동사원형(B)　A가 B하는 것을 느끼다
Suddenly Mowgli felt someone grab his shoulder.
갑자기 모글리는 누군가 자신의 어깨를 잡는 것을 느꼈다.

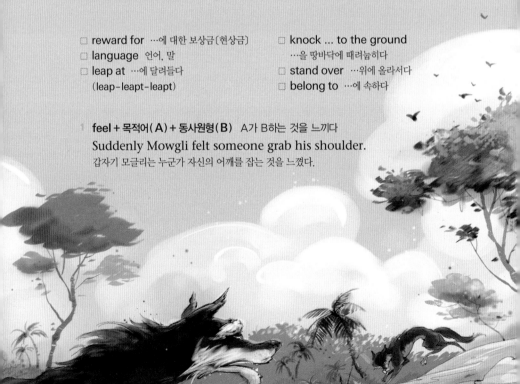

Then Mowgli whispered to Akela in the language of
the wolves.

Suddenly the big gray wolf leapt at Buldeo and
knocked him to the ground.

Akela stood over him so he couldn't move.

"Buldeo," said Mowgli. "This tiger has hunted me for
many years. Now I have killed him. So his skin
belongs to me!"

❓ When Mowgli was cutting
ㄴ Shere Khan's skin, _____ appeared.

정답 Buldeo

Buldeo was frightened.

"Who is this strange boy?" he thought. "He talks to wolves and kills tigers!"

"I am an old man," he said to Mowgli. "I thought you were just a herd boy. But you are a Great King. I will cause no more trouble. Please let me go!"

"Go," replied Mowgli.

It was evening when they finished cutting the tiger's ☀ skin.

But when Mowgli, Grey Brother and Akela came near the village, the villagers were waiting for them at the gate.

They were angry and threw stones at Mowgli and his friends.

"Go away!" they shouted. "Go away, or we will kill you!"

But Mowgli did not understand.

"I thought they would be pleased with me," he whispered to Akela.

"Because the tiger killed their cows and stole their children. Let's go home!"

- ☐ herd boy 목동, 소몰이꾼
- ☐ Great King 대왕
- ☐ cause trouble 문제를 일으키다,
  말썽을 피우다

- ☐ throw stones at …에게 돌을 던지다
- ☐ go away (떠나) 가다
- ☐ be pleased with …에 기뻐하다,
  만족하다

Mini-Less·ⁿ

동명사를 목적어로 취하는 동사

동사 중에는 목적어로 동명사를 취하는 것들이 있어요. finish(끝내다), enjoy(즐기다), avoid(피하다), quit(그만두다) 등의 동사가 여기에 해당된답니다.

- It was evening when they finished cutting the tiger's skin.
  저녁이 되어서야 그들은 호랑이의 가죽을 벗기는 것을 끝낼 수 있었다.
- He enjoyed listening to the music. 그는 그 음악을 듣는 것을 즐겼다.

Mowgli returned to Mother Wolf's cave.

"The men don't want me, Mother," cried Mowgli.

"But I have Shere Khan's skin!"

"I'm so happy you have come home safely," she said.

"Yes," said a voice. "I'm also happy that you're back!"

It was Bagheera! Together, they went to Council Rock. When they arrived, Mowgli put the skin on Akela's rock.

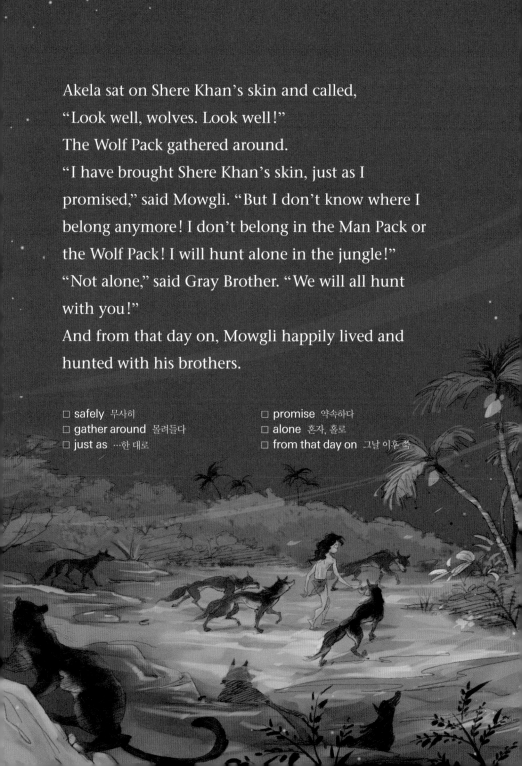

Akela sat on Shere Khan's skin and called,
"Look well, wolves. Look well!"
The Wolf Pack gathered around.
"I have brought Shere Khan's skin, just as I
promised," said Mowgli. "But I don't know where I
belong anymore! I don't belong in the Man Pack or
the Wolf Pack! I will hunt alone in the jungle!"
"Not alone," said Gray Brother. "We will all hunt
with you!"
And from that day on, Mowgli happily lived and
hunted with his brothers.

□ safely 무사히
□ gather around 몰려들다
□ just as …한 대로
□ promise 약속하다
□ alone 혼자, 홀로
□ from that day on 그날 이후로

Check-up Time!

● **WORDS**

퍼즐의 빈칸에 들어갈 알맞은 철자를 써서 단어를 완성하세요.

Across
1. 안전하게
2. 계곡

Down
3. 심술궂은
4. (짐승의) 떼, 무리

● **STRUCTURE**

알맞은 전치사를 보기에서 골라 문장을 완성하세요.

on	for	with	at	to

1 The wolf leapt _____ the village headman.

2 I killed the tiger, so his skin belongs _____ me.

3 The buffalo finally closed in _____ the tiger.

4 He can't climb up the walls _____ a full stomach.

5 There is a reward of 100 rupees _____ the tiger.

● **COMPREHENSION**

이야기의 흐름에 맞게 순서를 정하세요.

a. Mowgli started to cut the tiger's skin.

b. Shere Khan could hear the angry animals getting closer.

c. Mowgli felt someone grab his shoulder.

d. Akela gave a hunting call, and the buffalo started to move.

(   ) → (   ) → (   ) → (   )

● **SUMMARY**

빈칸에 맞는 말을 골라 이야기를 완성하세요.

Mowgli started to look after the buffalo with the other boys. One day Gray Brother told him that (   ) was hiding in the valley. Gray Brother and (   ) drove the buffalo toward the valley and Shere Khan was trampled under the (   ) of the buffalo. Mowgli returned to Mother Wolf's cave with Shere Khan's (   ). And he lived happily with his brothers.

a. Akela

b. Shere Khan

c. feet

d. skin

After the Story

Reading X-File 이야기가 있는 구문 독해
Listening X-File 공개 리스닝 비밀 파일
Story in Korean 우리 글로 다시 읽기

He is too slow to hunt buffalo.

그는 너무 느려서 물소도 사냥할 수 없어요.

★　★　★

고즈넉한 저녁을 맞이하던 늑대 가족은 갑자기 정글을 한바탕 뒤흔드는 호랑이 셰어 칸의 울음 소리를 듣게 됩니다. 이에 아빠 늑대는 시끄러운 소리를 내며 사냥하는 셰어 칸을 바보라고 말하자, 엄마 늑대는 셰어 칸은 호랑이지만 다리를 절기 때문에 마을의 물소도 사냥하지 못하는 처지라며 위와 같은 말을 하지요. '너무 …해서 ~하지 못하다' 라는 뜻의 too + 형용사/부사 + to + 동사원형을 사용해서 말이죠. 그럼 모글리와 비단 뱀 카아의 대화를 통해 이 표현을 다시 볼까요?

Mowgli

I'm too tired to climb out of the pit.

난 너무 지쳐서 이 구덩이를 빠져나가지 못하겠어.

Kaa

Then I'll ussse my head and break the wall.
Ssstand back, Mowgli!

그럼 내가 머리를 써,써,써서 벽을 부술게. 뒤로 물러서,서,서, 모글리!

The higher he climbed,
the smaller the branches became.

그가 높이 올라가면 갈수록, 나뭇가지들은 더 작아졌다.

★　★　★

모글리는 바기라, 발루와 함께 낮잠을 자다 못된 원숭이 무리에게 납치되는 일을 당하게 됩니다. 그러자 흑표범 바기라는 모글리를 구하기 위해 나무타기를 하는 원숭이를 쫓아 나무 위로 올라가지요. 그러나 위로 올라가면 갈수록 나뭇가지가 작아져 결국 바기라는 포기할 수밖에 없게 되는데요. 이때의 상황을 표현한 위 문장에 '…할수록 더 ~하다'라는 의미의 the + 비교급, the + 비교급이 쓰였습니다. 그럼 이 표현을 메수아와 모글리의 대화로 다시 한번 익혀 볼까요?

The more you learn the humans' words,
the faster you will become a real human.
네가 인간의 말을 많이 배우면 배울수록, 더 빨리 진정한
인간이 될 거야.

Messua

I know. So I repeat every word you say twice.
알아요. 그래서 당신이 하는 말은 전부 두 번씩 반복하고 있어요.

Mowgli

He hit the great tiger on the head with the burning stick.

그는 불붙은 나뭇가지로 호랑이의 머리를 쳤다.

★　★　★

늘 모글리를 잡아먹으려는 셰어 칸에 대항하기 위해 모글리는 인간의 마을로 가서 불을 가져옵니다. 그리고는 늑대 시오니 부족의 회의에 참석하지요. 하지만 셰어 칸과 그에 동조하는 젊은 늑대들은 인간인 모글리를 부족 회의에서 쫓아내려고 하고, 이에 화가 난 모글리는 불이 붙은 나뭇가지로 셰어 칸의 머리를 치지요. 이때의 상황을 묘사한 위 문장에 '…의 머리를 치다'라는 뜻의 hit … on the head의 표현이 쓰였어요. 이때 head 앞에 정관사 the가 쓰였다는 점, 꼭 기억해 두세요.

Bagheera

There are lots of them, but only two of us. How can we attack the naughty monkeys?

저들 숫자는 너무 많지만, 우리는 너와 나 둘뿐이야.
저 못된 원숭이들을 어떻게 공격하지?

Kaa

They are afraid of me. So if I hit them on the headsss, they all will run away!

저 원숭이들은 나를 무서워해. 그러니까 내가 저들의 머,머,머리를 치면, 전부 도망갈 거야!

He must be a wolf-child who has run away from the jungle!

저 아이는 정글에서 도망친 늑대 소년이 틀림없소!

★　★　★

불붙은 나뭇가지로 셰어 칸의 머리를 내리친 모글리는 인간이 사는 마을을 찾아 정글을 떠납니다. 멀리까지 찾아간 마을에서 아이들은 모글리의 모습을 보고 도망치지만, 한 뚱뚱한 남자가 그를 따뜻하게 맞이하며 마을 사람들에게는 위와 같이 말하지요. 이때 그는 '…임이 틀림없다, 분명히 …하다'라는 뜻의 must be + 명사/형용사를 써서 자신의 강한 추측을 나타내고 있는데요, 이 표현을 모글리와 늑대 형제 중 맏이인 잿빛 형제의 대화로 다시 볼까요?

Mowgli

How's Mother Wolf doing? She must be sad because I left the Wolf Pack so suddenly.

엄마 늑대는 어떻게 지내고 있지? 내가 늑대 부족을 갑작스럽게 떠나서 분명 슬퍼하고 있을 거야.

Gray Brother

You're right. She doesn't eat or drink. She hasn't left the cave for a week.

네 말이 맞아. 먹지도 마시지도 않고 있어.
일주일째 동굴 밖에도 안 나가고 있어.

01 모음 사이에서는 굴려주세요~

-rt- 가 강모음과 약모음 사이에 오면 [ㄹ]로 발음하세요.

-rt- 다음에 강세가 없는 약한 모음이 오면, t는 [ㄹ]와 비슷한 굴리는 듯한 소리가 나요. 단, -rt- 의 앞 음절에 강세가 있는 경우에 그렇답니다. 즉, 강모음 + rt + 약모음의 경우, t의 [ㅌ] 소리는 [ㄹ]에 가깝게 소리가 난다는 것이죠. 그럼 이런 예를 본문 25쪽과 33쪽에서 찾아볼까요?

More than (　①　) wolves of every size and color were waiting to hear him speak.

① **forty** [포r티]보다는 [포r리]에 가깝게 들리나요?
t를 부드럽게 [ㄹ]로 발음해 주세요~

But Baloo taught him the most (　②　) lesson of all.

② **important** 마찬가지로 [임포r턴트]가 아니라
[임포r런트]에 가깝게 발음하세요!

02 s가 모음을 만나면?

s 다음에 모음이 오면 된소리가 된답니다~

s가 모음과 함께 나란히 나올 경우 [ㅅ]가 아니라 된소리 [ㅆ]로 발음돼요. 이런 된소리화 현상은 s뿐만 아니라 ss 혹은 sc에도 나타나는데요, 이런 예를 본문 34쪽과 68쪽에서 찾아볼까요?

Baloo was a strict teacher, and (①) Mowgli was a bad pupil.

① **sometimes** 어때요? [섬타임ㅈ]가 아니라
   [썸타임ㅈ]로 들리나요?

(②) led Mowgli to her house. She gave him milk and bread to eat.

② **Messua** ss다음에 모음 u가 왔죠? 그럼 [메수아]가 아니라
   [메쑤아]에 가깝게 발음해 주세요.

03 끊어주면 멋져집니다!

-tly는 끊어주듯이 [ㅌ-리]나 [-리]로 발음하세요~

단어가 -tly로 끝날 경우, [틀리]로 발음하면 촌스럽다는 것, 알고 있나요? 원어민처럼 멋지게 하려면 -ly 앞의 자음 t를 아주 약하게 발음하거나 생략하고 살짝 끊어주듯이 발음해야 한답니다. 즉, -tly를 [ㅌ-리]나 [-리]로 발음한다는 거죠. 그럼 본문 34쪽과 49쪽에서 이를 확인해 볼까요?

When Mowgli didn't, Baloo would (　①　) slap him.

① **lightly** [라이틀리]가 아니라 [라이ㅌ-리]로 발음하세요.

He came down the hill very fast, and moved (　②　) toward the crowd of monkeys.

② **silently** [사일런ㅌ-리]로 들렸나요? -ly 앞의 t 발음은 살짝 끊듯이 발음했어요.

늑대를 제대로 알자고요~

[u]는 약한 발음 [어]에 가깝게 발음하세요.

늑대 wolf를 어떻게 발음하고 있나요? 발음기호가 [wulf]이므로 [울프]로 발음하고 있다고요? 하지만 제대로 된 발음은 [월프]에 가깝답니다. 이는 [u]에 강세가 있을 때에는 [우]라고 발음되지만, 강세가 없을 때에는 우리말의 [어]처럼 약하게 발음되는 규칙이 있기 때문이랍니다. 그럼 본문 87쪽에서 확인해 볼까요?

"But I don't know where I belong anymore!
I don't belong in the Man Pack or the (   )
Pack! I will hunt alone in the jungle!"

wolf 어때요? 이제는 [월ㅍ]로 발음할 수 있겠죠?

월ㅍ

1장 │ 사람의 아이

p.16~17 중앙 인도에 있는 시오니 언덕에 초저녁이 찾아왔다. 아빠
늘대는 잠에서 깨어났다. 아빠 늘대는 몸을 긁적이며
긴 다리를 쭉 뻗었다.

"아, 사냥하기 좋은 저녁이야!" 아빠 늘대는 하품을
하며 말했다.

아빠 늘대 옆에는 엄마 늘대가 누워 있었다. 엄마 늘대는 새끼 네 마리에게 젖을 물
리고 있었다. 갑자기 배고픈 호랑이의 화난 울음소리가 들려왔다!

"바보 같은 셰어 칸! 저렇게 큰 소리를 내면서 무슨 사냥을 하겠다는 거야?" 아빠
늘대가 말했다.

"셰어 칸은 한쪽 다리가 안 좋아요. 행동이 느려서 물소도 못 잡죠. 그래서 마을의
소를 잡아 먹으니까 마을 사람들은 셰어 칸에게 화가 나 있어요. 하지만 내 생각에 오
늘 밤 셰어 칸이 사냥하려는 건 동물이 아니에요, 바로 사람이에요! 정글의 법칙에 따
르면 우리는 사람을 죽여선 안 되죠. 그랬다간 총을 든 사람들이 우리를 잡으러 올 테
니까요. 그럼 우리 모두 위험에 빠지게 되죠!" 엄마 늘대가 말했다.

p.18~19 셰어 칸이 점점 더 가까이 다가오는 소리가 들려왔다. 아빠 늘대는 가족을
지키기 위해 굴에서 튀어나왔다. 가까운 덤불숲에서 무언가가 움직이고 있었다! 아빠
늘대는 공격 태세를 갖추었다. 갑자기 아빠 늘대 앞에 어린 아기가 섰다.

"사람이야! 사람의 아기야!" 아빠 늘대가 소리쳤다.

아기의 작은 두 다리는 연약했다. 아기는 넘어지지 않으려고 낮은 나뭇가지를 붙잡
고 있었다. 아기는 웃더니 아빠 늘대를 올려다 보았다.

"사람의 아기라고요?" 엄마 늘대가 물었다. "난 한 번
도 본 적이 없어요. 이리로 데려와 보세요."

아빠 늘대는 커다란 입으로 아기를 부드럽게 집어
올렸다. 그런 다음 동굴 안으로 옮겨서 자신의 새끼들
옆에 내려놓았다.

"아, 정말 조그맣기도 하지, 털도 없고 무서워하지도
않네!" 엄마 늘대는 부드럽게 말했다.

아기는 다른 새끼들처럼 젖을 빨기 시작했다.

"어머나, 보세요! 우리 애들 틈에서 젖을 빨아먹고 있어요." 엄마 늑대가 말했다.

p.20~21 갑자기 호랑이 셰어 칸의 커다란 머리가 굴 입구에 나타났다!

"그렇군, 사람의 아이가 이곳으로 왔군! 아이를 내놔, 내 거야!" 셰어 칸이 으르렁 거렸다.

"아니! 우리는 우리 부족의 우두머리가 내리는 명령만 따른다! 우리는 이 아이를 지키고 싶다. 그러나 죽인다 해도 우리가 죽일 것이다!" 아빠 늑대가 말했다.

분노에 찬 호랑이의 으르렁거리는 소리가 천둥처럼 동굴에 울려 퍼졌다. 엄마 늑대가 앞으로 튀어나왔다! 엄마 늑대는 자신의 새끼를 지킬 준비가 되어 있었다. 엄마 늑대의 푸르른 커다란 두 눈은 달빛을 받아 불처럼 이글거렸다.

"사람의 아이는 내 것이야. 이 애는 죽지 않을 것이다. 이 애는 정글의 법칙을 배울 것이야. 우리 부족과 함께 달리고 사냥할 것이다!" 엄마 늑대가 울부짖었다.

p.22~23 호랑이는 굴에서 물러났다. 그는 화가 날 대로 난 엄마 늑대의 상대가 되지 못했다.

"너희 부족들이 이 사람 아이에 대해 뭐라고 할까? 아이는 내 것이고 결국에는 내 차지가 될 거야!"

셰어 칸은 이렇게 으르렁거린 다음 돌아서서 절룩거리며 정글로 사라졌다.

"셰어 칸 말이 맞아. 부족들에게 이 아이를 보여줘야 해. 당신 뜻과 반대되는 결정이 내려져도 이 아이를 키울 건가?" 아빠 늑대가 물었다.

"그래요, 이 애는 내 거예요. 이 아이를 모글리라고 부르겠어요! 우리 아이들의 형제가 될 거예요!"

p.24~25 매달 보름달이 뜨는 밤에는 늑대 무리들이 모였다. 그래서 모글리와 그의 가족은 다음 번 회의에 참석하러 회의가 열리는 언덕으로 갔다. 그들이 도착했을 때 부족의 대장인 아킬라가 자신이 즐겨 앉는 바위 위에 몸을 쭉 펴고 엎드려 있었다. 제각기 몸집과 색깔이 다른 사십 마리 이상의 늑대들이 앉아서 대장의 입이 열리기를 기다리고 있었다.

아빠 늑대는 모글리를 내밀었다. 그러나 대장이 입을 떼기도 전에 바위 뒤에서 사납게 으르렁거리는 소리가 들려왔다.

"저 사람의 아이는 내 거다. 나에게 달라!" 셰어 칸이 소리쳤다.

"너는 우리에게 명령을 내릴 수 없다. 우리는 자유로운 부족이다!" 아킬라가 소리쳤다.

대장의 말에 찬성한다는 뜻으로 늑대들이 울부짖었다.

p.26~27 "누가 이 아이를 변호하겠는가?" 아킬라가 물었다.

잠꾸러기 갈색 곰 발루가 앞으로 나왔다. 발루는 늑대들의 회의에 참석하는 것이 허락된 단 한 마리의 다른 종족의 동물이었다.

"내가 하지, 내가 이 아이를 변호하겠다. 이 아이는 아무런 해도 끼치지 않아. 이 아이를 늑대 부족과 함께 뛰어다니도록 해줘라. 내가 이 아이에게 정글의 법칙을 가르치겠다!" 발루가 말했다.

"누가 또 이 아이를 변호할 건가?"

근처에 있는 나무로부터 검은 그림자가 드리워졌다. 검은 표범 바기라였다. 바기라는 영리하고 용감했다.

"아킬라, 내가 말해도 되겠는가?" 바기라는 부드럽게 말했다.

"말하라!" 아킬라가 소리쳤다.

"사람의 아이를 죽이는 것은 옳지 않은 일이오. 저 아이가 부족과 함께 자라도록 하시오. 그리고 그 대가로 내가 황소 한 마리를 잡아 셰어 칸에게 내놓겠소!" 바기라가 말했다.

"바기라의 말을 받아들여라! 우리는 사람의 아이를 받아들인다!" 늑대들이 합창했다.

"사람과 사람의 아이는 영리하다. 이 아이는 힘 센 아이로 자랄 것이다. 그리고 아마도 우리에게 도움을 주겠지. 자, 아이를 데려가서 잘 가르치도록 하라!" 아킬라가 말했다.

이렇게 해서 모글리는 시오니 늑대 부족의 일원이 되었다.

p.30~31 10년 동안 모글리는 늑대 형제들과 그들의 부모와 함께 자랐다. 발루와 바기라는 모글리에게 정글의 법칙과 관련된 모든 것을 가르쳐 주었다. 모글리는 풀잎의 바스락거림과 각각의 새들의 울음 소리가 의미하는 바를 배웠다. 왜 물에서 작은 물고

기가 뛰어오르는지, 혹은 왜 박쥐가 머리 위 나무를 긁는지도 알았다. 발루는 정글의 동물들을 부르는 방법을 가르쳐 주었다.

"사냥하는 동물끼리 주고받는 암호를 말해 봐." 발루가 말했다.

"너와 나, 우리는 한 형제다!" 모글리가 중얼거렸다.

"그러면 이제 뱀 종족에게 하는 암호를 말해 봐!" 발루가 요구했다.

"너와 나, 우리는 한 형제다, 다, 다!" 모글리가 쉭쉭거리며 말했다.

"이제는 새 종족!"

모글리는 새가 지저귀듯이 암호를 말했다.

p.32~33 바기라는 모글리에게 나무을 타고 올라가 먹을 수 있는 열매를 따는 법을 가르쳐 주었다. 그리고 발루는 벌집에서 꿀을 모으는 법을 보여 주었다.

"모글리, 항상 고기를 먹을 필요는 없어. 꿀은 달콤하고 맛있어." 발루가 말했다.

바기라는 빨리 달리고 능숙하게 헤엄치는 법을 가르쳐 주었다.

"셰어 칸이 네 뒤를 쫓아오면 빨리 달려야 할 거야! 그리고 셰어 칸은 물에 젖는 것을 싫어해. 그러니까 네가 물에 뛰어들면 안전할 거야!" 바기라가 말했다.

모글리는 또 배가 고플 때만 사냥을 해야 한다고 배웠다. 그러나 발루는 그 무엇보다도 가장 중요한 것을 가르쳐 주었다.

"사람들 마을 가까이엔 가지 마. 가까이 가면 사람들이 가축을 보호하려고 너를 죽일지도 몰라!" 발루가 으르렁거리며 말했다.

p.34~35 발루는 엄격한 선생이었지만, 모글리는 가끔 말을 잘 안 듣는 학생이기도 했다. 모글리는 너무나도 많은 가르침에 싫증이 났다.

"모글리, 정신 차려!" 발루가 소리쳤다.

모글리가 집중을 하지 않으면 발루는 모글리를 가볍게 때리기도 했다. 그러나 모글리는 야단 맞는 것을 좋아하지 않았다. 그래서 달아난 적도 많았다. 달아나서는 반다로그와 어울리곤 했다. 반다로그는 말썽쟁이 원숭이 부족이었다.

어느 날, 발루와 바기라는 반다로그와 함께 있는 모글리를 보았다.

"왜 그들과 어울리는 거지?" 발루는 화가 나서 따지듯이 물었다.

"그야 나를 야단치지 않으니까! 그리고 그들은 항상 즐겁고 친절해." 모글리가 소리쳤다.

"잘 들어. 반다로그는 자기네 부족을 통제할 지도자가 없어. 정글의 법칙도 따르지

않아. 아무도 그들을 상대하지 않아. 다시는 가까이 가지 마! 자, 이제 집으로 돌아가자." 발루가 으르렁거리며 말했다.

발루와 바기라, 모글리가 정글을 급히 지나가는 동안, 반다로그는 나무 위에서 그들을 조용히 지켜 보았다.

p.36~37 한낮이 되자 몹시 무더워졌고 발루는 낮잠을 잘 시간이라고 생각했다. 모글리는 곰과 흑표범 사이에 누웠다. 갑자기 어떤 팔들이 모글리의 팔다리를 잡더니 나무 위로 높이 들어올렸다.

"도와 줘! 발루! 도와 줘, 바기라!" 모글리가 소리쳤다.

바기라는 나무 위로 올라가기 시작했다.

"내가 구할게!"

발루는 이렇게 소리치며 나무를 흔들었다.

"멈춰! 멈춰, 발루! 안 그러면 내가 떨어져!" 바기라가 고함쳤다.

그러나 바기라가 높이 올라갈수록 나뭇가지들은 더 작아졌다. 바기라는 모글리를 잡을 수가 없었다!

p.38~39 반다로그는 재빨리 나무 꼭대기로 모글리를 옮겼다. 결국 발루와 바기라의 모습은 모글리의 시야에서 사라졌다.

'어떻게 도망치지?' 모글리는 생각했다.

그러자 머리 위에서 빙빙 날고 있는 매, 칠이 눈에 들어왔다.

"너와 나, 우리는 한 형제야!" 모글리는 칠에게 지저귀는 소리로 암호를 말했다. "발루와 바기라에게 내가 어디 있는지 말해 줘!"

그 동안 발루와 바기라는 모글리를 찾았다. 그들은 눈에 띄는 동물마다 물었다.

"사람의 아이를 보지 못했어? 반다로그 원숭이들이 훔쳐 갔어!"

그러나 아무도 보았다는 얘기를 하지 않았다.

3장 | 카아의 사냥

p.42~43 그리고 나서 발루와 바기라는 거대한 비단뱀 카아를 만났다. 카아는 길이가 10미터였고 힘도 아주 셌다. 카아는 바위 위에 누워 따뜻한 햇볕을 쬐고 있었다.

카아의 노란색과 갈색의 새 껍질은 오후의 햇살 속에 눈부시게 빛났다.

"안녕, 카아." 발루가 인사를 했다.

"오호, 발루, 집에서 이,이,이렇게 먼 곳에 웬일이야?" 카아가 쉭쉭거렸다.

"반다로그 부족을 찾고 있어. 우리의 사람 아이를 훔쳐가 버렸어!"

"그렇다면 아주 위험한데,데,데!" 카아가 쉭쉭거렸다.

갑자기 그들 머리 위 높은 곳에서 누군가 애타게 부르는 소리가 들렸다.

"위! 위! 위를 봐, 발루!"

발루와 바기라, 카아는 모두 하늘을 올려다 보았다. 그들 머리 위에 빙빙 돌고 있는 칠이 보였다.

"무슨 일이야?" 발루가 외쳤다.

"모글리를 봤어! 반다로그가 모글리를 원숭이들의 버려진 도시로 데리고 갔어!"

"이런! 나는 한밤 중에나 거기에 도착하겠어!"

발루는 이렇게 말하고는 바기라에게 몸을 돌려 말했다.

"자네와 카아는 어서 가. 나도 최대한 빨리 쫓아갈게!"

p.44~45 그날 오후 늦게 반다로그는 모글리를 데리고 버려진 도시에 도착했다. 그 도시는 아주 오래된 곳이었다. 건물은 아름다웠지만 성벽들은 무너져 가고 있었다.

젊은 원숭이들은 서로 몸싸움을 했다. 막대기와 돌멩이를 던졌다. 그리고 쉴 새 없이 떠들어댔다.

'발루의 말이 옳았어. 반다로그는 지도자가 없어. 법도 없고. 뭐든 자기네들 하고 싶은 대로 해. 도망쳐야겠어!' 모글리는 생각했다.

모글리가 도시 성벽 쪽으로 달려갔으나 원숭이들이 모글리를 붙잡았다.

"여기에 우리와 함께 있는 편이 훨씬 좋을 거야! 우리는 정글에서 가장 멋진 부족이다. 모두들 그렇게 알고 있다!" 원숭이들이 소리쳤다.

p.46~47 곧 바기라와 카아가 도시 성벽 외곽에 도착했다. 그들은 원숭이들이 한 곳에 몰려 있으면 위험하다는 것을 알고 있었다.

"나는 서쪽 성벽을 이용해서 높은 곳으로 갈게. 그리고 경사를 이용해 재빠르게 미끄러져 내려갈게. 그런 다음 원숭이들을 놀,놀,놀래 주겠어!"

"나는 저 구름이 달을 가리면 원숭이들을 공격하겠어!" 바기라가 말했다.

카아는 성벽을 따라 재빨리 미끄러져 갔다. 구름이 달을 가렸다. 갑자기 모글리 눈

에 원숭이 떼를 향해 달려오는 바기라가 보였다. 바기라는 원숭이들을 물어뜯고 자신의 강한 앞발로 때리기 시작했다. 원숭이들은 바기라를 보고 비명을 지르더니 도망치려고 했다. 그러다가 그들 중 한 마리가 "한 놈뿐이다! 저 놈을 죽여라! 죽여라!"라고 소리쳤다.

원숭이 떼들이 흑표범의 등에 달려들어 물어뜯고 할퀴기 시작했다.

"도망쳐, 바기라, 도망쳐!" 모글리가 소리쳤다.

몇몇 원숭이들이 모글리를 성벽 위로 끌어올렸다. 그런 다음 구덩이 안으로 밀어 떨어뜨렸다. 모글리 주위에는 온통 쉭쉭거리는 소리가 들렸다!

'이런, 뱀 구덩이에 빠졌어!' 모글리는 생각했다.

p.48~49 하지만 모글리는 어떻게 해야 할지 알고 있었다.

"너희들과 나, 우리는 한 형, 형, 형제다!" 모글리는 쉭쉭거렸다.

"그,그,그래, 그,그,그래!" 뱀들이 대답했다. "하지만 가,가,가만히 서,서,서 있어. 안 그러면 네가 우리 새,새,새끼들을 밟아 죽일지도 모르니까."

가엾은 모글리는 꼼짝도 하지 않고 서서, 싸우는 소리에 귀를 기울였다.

'도대체 발루는 어디 있는 거야? 바기라에게는 발루의 도움이 필요한데 말이야!' 모글리는 생각했다.

바로 그때 도시 성벽 외곽에서 화가 난 곰이 으르렁거리는 소리가 들려왔다.

"기다려, 바기라! 내가 금방 반다로그를 물리칠게!" 발루가 소리쳤다.

모글리는 발루가 그 커다란 양팔로 원숭이들을 때리는 소리를 들을 수 있었다

그동안 카아는 서쪽 성벽을 올라가느라 시간을 잡아먹고 있었다. 마침내 카아는 높은 곳에서 재빠르게 내려와, 원숭이들이 모여 있는 쪽을 향해 조용히 움직였다. 카아가 그 커다란 머리로 일격을 가하자 반다로그는 조용해졌다! 원숭이들은 어릴 때, 카아의 무시무시한 힘에 관한 이야기를 듣는다. 그래서 원숭이들은 카아를 매우 무서워하는데, 카아는 가장 힘 센 원숭이도 죽일 수 있기 때문이다.

"모두들 도망쳐! 카아다! 빨리 달아나!" 원숭이들은 공포에 질려 비명을 질렀다.

p.50~51 곧 바기라는 발루와 카아와 만나게 되었다.

"사람의 아이는 어디 있지?" 발루가 으르렁거렸다.

"나 여기 있어. 뱀 구덩이에!" 모글리가 외쳤다.

카아는 머리로 벽을 치고 또 쳤다! 마침내 모글리가 빠져 나올 수 있을 만큼의 구멍이 만들어졌다.

"다쳤니?" 발루가 물었다.

"별로. 그런데 배가 고프고 정말 피곤해." 모글리가 말했다.

"카아에게 구해줘서 고맙다고 인사해야 해." 발루가 말했다.

"너와 나, 우리는 한 형제다, 다, 다! 나를 구, 구, 구해 줘서 고마워. 네가 배가 고플 때는 내가 사냥에서 잡은 먹이를 나, 나, 나누어 먹어도 좋아!" 모글리가 쉭쉭거렸다.

"고마워, 모글리. 넌 어떤 먹이를 잡는데?" 카아가 물었다.

"음, 아직 아무 것도. 난 아직 너무 어리거든!" 모글리가 조용히 말했다.

"너는 용감해, 꼬마 형제." 카아가 말했다.

"모글리, 내 등에 올라 타. 집으로 가자!" 바기라가 말했다.

4장 | 눈을 떠, 모글리!

p.56~57 모글리는 계속 늑대와 살면서 함께 사냥을 했다. 가끔 인간의 마을로 내려가 사람들을 지켜보곤 했다.

'나와 비슷하게 생겼어. 하지만 나는 늑대야! 저들은 사람이고!' 모글리는 이렇게 생각했다.

엄마 늑대는 여러 번 모글리에게 셰어 칸에 대해 경고했다.

"아들아, 셰어 칸이 너를 죽이고 싶어한다는 걸 잊지 말거라! 나중에 네가 꼭 셰어 칸을 죽여야 한다."

하지만 모글리는 항상 엄마 늑대의 경고를 잊어버렸다.

셰어 칸이 사냥 할 때면 여러 젊은 늑대 무리가 셰어 칸을 따라다녔다. 아킬라는 이를 좋아하지 않았지만, 젊은 늑대들을 막기엔 너무 나이가 들었다.

"너희 젊은 늑대들은 왜 부족과 함께 사냥하느냐? 너희들의 대장은 곧 죽는다! 그리고 사람의 아이가 점점 강해지고 있어!" 셰어 칸이 으르렁거렸다.

p.58~59 바기라는 셰어 칸이 하는 소리를 들었다.

"모글리, 조심해. 셰어 칸은 네가 어른이 되기 전에 너를 죽이고 싶어해!" 바기라는 경고했다.

"하지만 나에겐 부족이 있잖아. 그리고 너와 발루도 있고! 왜 내가 셰어 칸을 두려워해야 하지?" 모글리는 웃으며 말했다.

"눈을 떠! 아킬라는 늙었어! 셰어 칸은 시오니 부족의 우두머리가 되고 싶어해!" 바기라가 으르렁거렸다.

"하지만 나는 젊은 늑대들과 함께 사냥도 하고 놀기도 했는걸! 내가 발톱에 박힌 가시도 뽑아 줬어! 그들은 내 형제야!" 모글리가 소리쳤다.

"마을에 가서 불을 가져와. 그리고 그것을 다음 번 부족 회의에 가져 가. 모두가 그걸 무서워하지. 모글리, 너만 빼고 말이야! 불이 나나 발루보다 너에게 더 든든한 친구가 되어 줄 거야." 바기라가 으르렁거리며 말했다.

p.60~61 다음날 모글리는 근처의 마을로 갔다. 그는 덤불숲에 숨어 있다가 불 단지를 옮기는 한 자그마한 남자 아이를 보았다. 아이는 그것을 오두막 바깥에 두고 다시 안으로 들어갔다. 모글리는 단지를 훔쳐서는 재빨리 정글로 돌아왔다.

그날 저녁, 모글리와 그의 가족은 시오니 부족의 회의 장소로 갔다. 아킬라는 늙고 힘이 빠져 있었고, 자신이 즐겨 앉던 바위 옆에 엎드려 있었다. 모글리는 다른 늑대들과 함께 자리를 차지하고 앉았다. 다리 사이에 불 단지를 놓아 두었다. 셰어 칸이 말을 시작하려고 하자 모글리가 벌떡 일어섰다!

"왜 저 자가 말을 하지? 우리 부족의 일원도 아니잖아!" 모글리가 따져 물었다.

"아킬라는 늙었고 이제 곧 죽을 거야! 그러면 대장 자리는 비게 되겠지! 그리고 내가 너희들의 새 우두머리가 될 테다! 자, 저 사람의 아이를 나에게 넘겨라! 저 아이는 내 거다!" 셰어 칸이 으르렁거렸다.

p.62~63 일부 젊은 늑대들이 분노에 차서 으르렁거렸다.

"사람은 늑대 부족에 낄 자격이 없다!" 젊은 늑대들이 소리쳤다.

"모글리는 우리 부족과 함께 살았다. 항상 정글의 법칙을 따르지!" 아킬라가 소리쳤다.

"하지만 그래도 사람이야!" 셰어 칸과 대부분의 늑대들이 외쳤다.

그리고 늑대 중 일부가 으르렁거리며 모글리를 향해 다가왔다. 모글리는 화가 나고

슬펐다. 그는 손에 불 단지를 들고 일어섰다.

"오늘 밤 너희들은 여러 번 나를 사람이라고
했다. 하지만 나는 항상 너희들을 내 형제로 생각해왔다.
이제 너희들은 더 이상 내 형제가 아니야! 너희들은 그냥 야생 개일 뿐이야! 나는 떠
나겠다, 하지만 먼저 셰어 칸에게 할 말이 있다!" 모글리가 외쳤다.

　모글리는 불을 땅에 떨어뜨렸다. 늑대들은 이를 보고 겁에 질렸다. 그들은 모글리
근처에서 물러났다!

　p.64~65 　모글리는 불붙은 나뭇가지를 들고 셰어 칸 쪽으로 걸음을 내딛었다.

"이 가축 사냥꾼 녀석은 나를 죽이고 싶어하지! 내가 시오니 부족에서 힘이 너무 세
지고 있다고 생각하는 거야!" 모글리가 소리쳤다.

　그런 다음 모글리는 불붙은 나뭇가지로 그 큰 호랑이 머리를 내리쳤다. 셰어 칸은
고통과 공포에 신음 소리를 냈다!

"이제 별로 용감하지도 않지, 안 그래?" 모글리가 소리쳤다.

　그런 다음 모글리는 부족을 향해 돌아서서 외쳤다. "내가 돌아올 때는 셰어 칸의 가
죽을 가지고 오겠다!"

　그런 다음 모글리는 남아 있던 불을 셰어 칸과 그를 따르는 늑대들을 향해 던졌다.
그들은 모두 정글로 달아났다! 오직 모글리와 아킬라, 바기라, 나이든 늑대 몇몇만이
남았다.

"내가 계속 있으면 너희들이 위험하다. 이제 내가 인간 세상으로 가야 할 시간인 것
같다. 하지만 먼저 엄마를 찾아가야겠어!" 모글리는 흐느꼈다.

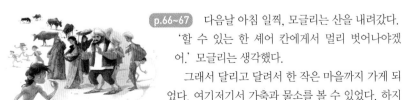

　p.66~67 　다음날 아침 일찍, 모글리는 산을 내려갔다.
'할 수 있는 한 셰어 칸에게서 멀리 벗어나야겠
어.' 모글리는 생각했다.

　그래서 달리고 달려서 한 작은 마을까지 가게 되
었다. 여기저기서 가축과 물소를 볼 수 있었다. 하지

만 아이들은 겁에 질려 모글리로부터 달아났다. 한 뚱뚱한 남자와 마을 사람들이 모글리에게 달려왔다.

"무서워하지 말거라." 뚱뚱한 남자가 모글리에게 말했다.

"보십시오." 그는 마을 사람들에게 소리쳤다. "저 아이 몸에 물린 자국이 있어요!" 정글에서 도망쳐 온 늑대 소년이 틀림없어요!"

p.68~69   "메수아, 저 아이는 호랑이가 데려간 당신 아들 같아 보여요!" 상냥해 보이는 한 여인이 말했다.

"어디 얼굴 좀 보자구나, 얘야. 맞아요, 닮았어요." 메수아가 말했다.

"집으로 데려 가시오. 정글이 당신 아들을 데려갔소! 그리고 정글이 이 아이를 돌려주었소!" 뚱뚱한 남자가 말했다.

메수아는 모글리를 자신의 집으로 인도했다. 메수아는 모글리에게 우유와 먹을 빵을 주었다. 그러나 모글리는 메수아가 하는 말을 한마디도 이해할 수 없었다.

'난 더 이상 늑대 소년이 아니야. 인간의 말을 배워야 해!' 모글리는 생각했다.

그날 밤, 모두가 잠들었을 때, 모글리는 창밖으로 빠져 나왔다. 모글리는 메수아의 집에서 잠을 잘 수가 없었다. 마치 감옥처럼 느껴졌다. 그는 들판 근처의 무성하게 자란 풀밭 위에 드러누웠다.

p.70~71   모글리가 눈을 감았을 때, 얼굴에 부드럽고 축축한 코가 느껴졌다. 엄마 늑대의 새끼 중 맏이인 잿빛 형제였다.

"후! 너에게서 이제 인간의 냄새가 나!" 잿빛 형제가 말했다.

"아냐, 안 그래!" 모글리가 말했다.

"잘 들어, 꼬마 형제. 셰어 칸은 네가 화상을 입혔다고 단단히 화가 나 있어. 몸이 회복되면 너를 죽이겠다고 했어!"

"난 피곤해! 오늘 밤에는 그 늙은 호랑이 얘기를 듣고 싶지 않아. 하지만 시오니 부족에게 새로운 소식이 생기면 나에게 전해주길 바래!"

"잊지 마, 꼬마 형제, 넌 언제나 늑대라는 걸! 인간이 너를 바꾸지는 못해!" 잿빛 형제가 말했다.

"내가 어떻게 우리 식구들의 사랑을 잊을 수 있겠어?" 모글리가 대답했다.

"조심해, 꼬마 형제." 잿빛 형제는 이렇게 경고하고 정글로 돌아갔다.

p.74~75 　그 후 몇 주, 몇 달 동안 모글리는 마을 사람들을 점차 알아갔다. 모글리는 저녁에 사람들과 나무 밑에 앉아 있곤 했다. 그러면 마을 촌장인 불데오는 정글에 대해 여러 이야기를 들려주었다. 하루는 메수아의 아들을 훔쳐 간 절름발이 호랑이 이야기를 했다.

　"나는 그 호랑이가 분명 유령이라고 생각해, 그 호랑이는 무서운 게 없어!" 불데오가 말했다.

　모글리는 그것들이 단지 이야기일 뿐이라는 것을 알고 있었기 때문에 웃음을 참으려고 애썼다. 하지만 불데오는 모글리의 웃음을 보았다.

　"너도 다른 사내 아이들과 함께 들판에 나가 일을 해야 한다." 불데오가 말했다.

　그래서 모글리는 아침마다 마을을 떠나 가축과 물소 떼를 돌보러 갔다.

p.76~77 　어느 날, 모글리는 강 근처에서 잿빛 형제를 다시 만났다.

　"아, 꼬마 형제. 너에게 경고를 해 주러 왔어. 셰어 칸이 돌아왔어. 근처에 숨어 있고 곧 너를 죽이러 올 거야." 잿빛 형제가 모글리에게 말했다.

　"셰어 칸이 이쪽으로 오면 나에게 알려 줘." 모글리가 말했다.

　몇 주 후, 잿빛 형제가 또 강가에서 모글리를 기다리고 있었다.

　"셰어 칸이 돌아왔어! 옆 계곡에 숨어 있어." 잿빛 형제가 경고했다.

　모글리는 똑바로 일어서서 "난 그 자식 따위 무섭지 않아."라고 말했다.

　"셰어 칸이 오늘 밤 마을 입구에서 너를 기다릴 거야." 잿빛 형제가 말했다.

　"셰어 칸이 뭘 좀 먹었나?" 모글리가 물었다.

　"응!"

　"바보 같으니! 그 계곡을 빠져 나오거나 들어가는 길은 한 군데밖에 없어. 배가 부른 채로는 그 골짜기 절벽을 올라갈 수 없어! 셰어 칸이 쉬고 있는 곳으로 물소 떼를 몰아가자. 물소 떼는 호랑이 냄새를 맡으면 흥분해서 셰어 칸에게 달려들 거야!" 모글리가 말했다.

p.78~79 갑자기 늙은 회색 머리가 나타났다.

"아킬라! 만나서 기뻐!" 모글리가 외쳤다.

"널 도와주려고 왔다, 꼬마 형제." 친절한 늙은 늑대가 말했다.

잿빛 형제와 아킬라는 계곡의 입구 쪽으로 물소 떼를 몰았다. 모두가 계획했던 자리에 있게 되자, 모글리는 두 손을 입에 갖다대고 소리쳤다.

"셰어 칸, 나 여기 있다! 나와서 나를 잡아 먹어!"

모글리의 목소리는 메아리가 되어 계곡 양쪽에 울려 퍼졌다. 그러자 졸린 듯 화난 목소리가 들려왔다.

"누구냐?"

"나, 모글리야! 넌 가축 사냥꾼밖에 안 되지. 부족 회의가 열리는 언덕으로 와서 나를 만나. 그러면 누가 최고로 힘이 센지 알 수 있겠지!"

이 말이 호랑이를 몹시 화나게 할 거라는 것을 모글리는 알고 있었다.

p.80~81 "좋아, 소들을 움직여!" 모글리는 아킬라와 잿빛 형제에게 속삭였다.

늙은 늑대가 목이 터져라 사냥 신호를 보내자 물소 떼들은 움직이기 시작했다! 물소들은 계곡으로 돌진했다. 그들은 점점 더 빨리 달렸다. 셰어 칸의 냄새를 맡을 수 있었다.

호랑이라 할지라도 사나운 물소 떼가 덤벼들면 막을 재간이 없는 것이다! 셰어 칸은 사나워진 물소 떼들이 점점 더 가까이 오는 소리를 들을 수 있었다. 셰어 칸은 미친 듯이 계곡의 절벽을 올라가려고 애썼다. 그러나 실컷 먹어 무거워진 몸과 절뚝거리는 다리로는 절벽을 올라갈 수 없었다.

늙은 호랑이는 갈 데가 없었다. 물소 떼는 셰어 칸 쪽으로 점점 다가가고 있었다! 셰어 칸은 고꾸라졌고 물소들의 발에 짓밟히고 말았다. 마침내 비열하고 늙은 호랑이 셰어 칸이 죽은 것이다!

p.82~83 "형제들, 나는 부족 회의가 열리는 언덕으로 셰어 칸의 가죽을 가져가겠어!" 모글리가 말했다.

그래서 그들은 호랑이의 가죽을 벗기기 시작했다. 갑자기 모글리는 누군가 자신의 어깨를 잡는 손을 느꼈다. 불데오였다!

"넌 가서 네 물소들을 돌보거라." 불데오가 말했다. "이 가죽은 내가 가지겠다! 이 호랑이에게 100루피의 현상금이 걸려 있지. 우리 마을은 그 돈이 필요해!"

"아니, 이 가죽은 내 거야!" 모글리가 말했다.

"난 마을 촌장이다. 가죽은 내가 가지겠다!" 불데오가 소리쳤다.

그러자 모글리는 아킬라에게 늑대의 언어로 속삭였다. 갑자기 커다란 잿빛 늑대가 불데오에게 달려들어 땅에 쓰러뜨렸다. 아킬라는 불데오가 움직이지 못하도록 불데오 위에 올라섰다.

"불데오, 이 호랑이는 수년 동안 나를 잡으려고 쫓아다녔다. 이제 내가 이 호랑이를 죽였어. 그러니까 이 가죽은 내 거야!" 모글리가 말했다.

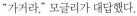 불데오는 겁에 질렸다.

'이 이상한 아이는 누구란 말인가? 늑대와 이야기를 하고 호랑이를 죽이다니!' 불데오는 생각했다.

불데오가 모글리에게 말했다. "저는 늙은이입니다. 전 당신이 그저 목동인 줄 알았습니다. 하지만 당신은 대왕님이십니다. 더 이상 말썽을 일으키지 않겠습니다. 제발 저를 보내주십시오!"

"가거라." 모글리가 대답했다.

해질녘이 되어서야 모글리와 늑대들은 호랑이의 가죽을 다 벗겨낼 수 있었다. 하지마 모글리와 잿빛 형제, 아킬라가 마을 가까이 갔을 때, 마을 사람들이 마을 입구에서 그들을 기다리고 있었다. 그들은 화가 나서 모글리와 늑대들을 향해 돌멩이를 던지며 소리쳤다.

"썩 꺼져! 꺼지란 말이야, 안 그러면 널 죽이겠다!"

하지만 모글리는 이해가 되지 않았다.

"난 사람들이 내가 한 일을 좋아할 줄 알았는데. 호랑이는 자기네 소들을 죽이고 아이를 훔쳐갔으니까 말이야. 집으로 돌아가자!" 모글리가 아킬라에게 말했다.

p.86~87 모글리는 엄마 늑대의 동굴로 돌아왔다.

"사람들은 나를 원하지 않아요, 엄마. 하지만 셰어 칸의 가죽을 가지고 왔어요!" 모글리가 외쳤다.

"나는 네가 집에 무사히 돌아와서 참 기쁘구나." 엄마 늑대가 말했다.

"그래." 어떤 목소리가 들렸다. "나도 네가 돌아와서 기쁘다."

바기라였다! 그들은 함께 부족 회의가 열리는 언덕으로 갔다. 그들이 도착하자 모글리는 호랑이 가죽을 아킬라가 앉던 바위 위에 펼쳐 놓았다. 그러자 아킬라는 그 위에 올라앉아 외쳤다.

"잘 보아라, 늑대들아. 똑똑히 보아라!"

늑대들이 몰려들었다.

"약속대로 세어 칸의 가죽을 가지고 왔다. 하지만 난 이제 어디에 속하는지 모르겠어! 나는 사람의 부족도 늑대의 부족도, 그 어느 쪽에도 속하지 않아! 나는 이제 혼자 사냥할 거야!" 모글리가 말했다.

"혼자가 아니야. 우리 모두가 너와 함께 사냥할게!" 잿빛 형제가 말했다.

그렇게 해서 그날부터 모글리는 늑대 형제들과 함께 살면서 즐겁게 사냥을 하게 되었다.